朝日新書
Asahi Shinsho 764

SDGs投資

資産運用しながら社会貢献

渋澤　健

朝日新聞出版

はじめに

投資とは、何でしょうか。

漢字で書くと、「投（げる）」「資（金）」です。

この文字からは、自分の手元の大切なお金をどこか遠いところにポーンと投げるという、どちらかといえばマイナスのイメージが生まれるかもしれません。

誰だって、リスクのあることはしたくない。自分のお金を手放すなんてことはしたくないのです。なかなか投資に前向きになれない人は、無意識にもそんなイメージが先立っているのかもしれません。

では、投資を英語にしてみましょう。「ＩＮＶＥＳＴ」といいます。「ＶＥＳＴ（ベスト）」に「ＩＮ（入れる）」という意味になります。

漢字で表現される場合とはまったく別のイメージであることにお気づきでしょうか。本来は、「日常生活圏外から、いろんな成長や視点を呼びこむことができる引換券を自分のベストのポケットに入れる」というような意味合いなのです。

遠くへ「投げる」のではなく、遠くから呼び寄せて、「身につける」。まずはそれが投資の本質であると、ぜひ認識してください。

投資とは、よりよい明日のためにいろんな成長を呼びこみ、いろんな気づきを呼び入れることです。それは、「教育」にとてもよく似ています。教育も、初めは小さい世界でも、いろんな学びや経験によってその枠が広がり、遠いところから新しい知識を呼び寄せて、成長していくことですから。

投資も、いろいろなところから様々な視点を集め、少しずつ拡大しながら成長していくものです。知識を育てるように、成長を呼び寄せていくこと。それが、投資の本来の目的だといえます。

一発儲けよう！　とか、ギャンブル的な発想では、投資は成功しません。運良く一時的にベストのポケットに資産がパンパンに詰まったとしても、持続可能すなわちサステナブルなお金の循環が整っていなければ、ベストはまた空となり、奪い合いを繰り返すことになります。俺のベストの中身をもっとくれ！　という発想では格差が広がり続け、いずれ社会全体の力が弱まっていきます。そんな未来は望ましいものでしょうか。答えはもちろん否、誰も格差社会は望んでいません。

すべての人が取り残されずに支え合う、インクルーシブ（包摂的）な社会をつくっていくこと。それが、本書でこれから述べる〝ＳＤＧｓ〟の目標です。

短期に独り占めではなく、持続的に、誰もが取り残されない——そんな豊かな社会を、ＳＤＧｓの理念によって整えていく段階に、世界の潮流は移ろうとしています。

正解のないことに挑む勇気

ＳＤＧｓとは「Sustainable Development Goals」の略称で、「エス・ディィー・ジーズ」と読みます。２０１５年９月の国連サミットで採択され、国連加盟１９３カ国が共有する国際社会の共通目標になりました。

ＳＤＧｓは、17の大きな目標と、それらを達成するための１６９のターゲットで構成されています。達成する目標期限は、２０３０年。今年から数えれば、ちょうどあと10年です。詳しい項目は、メディアで紹介される機会も増えているので、ここでの細かい説明は、ひとまず省きましょう。

ＳＤＧｓの理念を大きくまとめると、「持続可能な開発目標」となります。実際に未来へつながる政策や企業およびインフラを、国レベルで一人ひとりの参加によって、育てていこうとするものです。そして貧困層、難民や無国籍の人々を含めて「誰ひとり取り残さない」世界の実現を、２０３０年までに目指しています。

ここで少々、自己紹介をさせてください。私は外資系金融機関で20代〜30代を経て、２００１年に40歳を迎えたことを機に独立しました。２００７年に「コモンズ株式会社」を設立し、２００８年に「コモンズ投信株式会社」と改名し、以来、投資信託を運用する会社として仲間たちと長期投資を日本全国の方々へご提供しています。社会人の前半では主に、短期志向の金融市場証券ビジネスに関わってきた自分が、長期投資の投信会社を起業するに至った経緯もおいおい述べさせていただけたらと思います。

さて、投資家の立場を利用してＳＤＧｓの達成を促進させる。これがＳＤＧｓ投資だと思います。しかし、本書の題名に使ってあるものの、じつは私は「社会貢献」という言葉はあまり使わないようにしています。「貢献」とは物事や社会に力を尽くして良い結果をもたらすという意味であり、一般的に認知度がある言葉なのですが、何となく、主体性の薄い第三者的なイメージがあります。それが気になるのです。「社会貢献しています」というと、余裕ある自分が誰かのためにやってあげている。そんな上から目線のニュアンスさえ感じます。社会に貢献するよりも、社会的課題の解決に主体性を持って参画や参加をすること――ＳＤＧｓ投資では、このような意識が大事ではないかと思っています。

たとえば、原発や化石燃料発電の事業に取り組む企業を売却することで、ＳＤＧｓは前進するのでしょうか？　結論からいえば、そのような単純なことではないと思います。たとえ投資家の「資本の原理立場」という主体性を利用したとしてもです。

世界の経済は、複雑に入り組み、違う目標を掲げた多くのビジネスが相互に作用しあい、成熟を重ねています。イエスかノーの二項対立ではなく、正しい答えがないことを前提に環境問題に関わる姿勢や勇気を持つことで、ＳＤＧｓの開発目標の一翼を担えると私は考えています。

「問いを続ける」ことは、私のビジネスにおける基本のスタンスの一つです。

イエスかノー、白か黒という「か」の力に留まることなく、一見矛盾する関係でありながらも、それを合わせることができる「と」の力が、これからの未来には非常に重要ではないでしょうか。

正しい答えを直ちに見出《みいだ》せなくても、試行錯誤を繰り返す「共創」によって、社会の理想は拓かれていきます。それが、「と」の力です。

私の先祖である渋沢栄一も、「か」ではなく「と」の力を信じて『論語〈と〉算盤』を唱えました。その教えを、私は引き継ぐことに努めています。過去の時代のレガシーや課題を抱えながらも、新しい時代に相応しい創造を可能にする企業の「と」の力とは何か？

「問いを続け」ながら、それらを追求していきたいのです。

大谷翔平選手のマンダラート

私は最近の講演の冒頭でほぼ必ず、エンゼルスの大谷翔平選手の例を挙げています。

4年ほど前のことです。日本ハムファイターズのスカウトの方と知り合う機会があり、会食でスマホの写真を見せてくれました。そこには大谷翔平選手のマンダラート（目標達成表）が写っていました。目標を達成するための発想を図式化した、チャートです。

大谷選手が花巻東高校1年生のときにつくった目標達成表は、「マンダラート」「大谷翔平」と検索すれば、ウェブ上で誰でも見ることができます。

そのマンダラートの真ん中には、「ドラ1（ドラフト1位）8球団」と書かれてあります。その第一目標を達成するための八つの要素が、周囲を取り囲んでいます。たとえば右に「スピード160㎞/h」と書いてあり、左に「メンタル」、上に「コントロール」、下に「運」などとある。それぞれの要素は角に向けて広がり、各項目を達成するための別の要素が、また増えていきます。目標を達成するための必須要素が細分化されているのです。

大谷選手は、日ハムに入団した後もこのチャートをつけていて、要素を埋めるべくコツコツと、トレーニングを重ねていたそうです。

その話を初めて聞いたとき、「へぇ……！」とさらに驚く写真をスカウトの方が見せてくれたのです。

それは同じ大谷選手のマンダラートでも、日ハム入団後のものでした。そのマスのひとつに「『論語と算盤』を読む」と書かれていたのです。私はびっくりしました。平成生まれのプロ野球選手が、なぜ明治時代の実業家の思想である『論語と算盤』を読もうとしたのだろう？　と。

すると、「栗山監督が選手に対して『論語と算盤』を読むことを勧めていたんですよ」と聞かされました。

栗山英樹監督が就任2年目のとき、チームはリーグ戦で最下位に沈みました。監督は悩みました。プロ野球の監督は自分には務まらないかという不安も頭を過《よぎ》ったようです。何か策を得ようと、人財育成やマネジメントの本を読み返しているとき、『論語と算盤』から、

「目先にすぐ成果が出ないとしても、それはまだ機が熟していない、タイミングがまだ合っていないだけなので、あきらめることなく、忍耐強く進めるべき」

という言葉がページから浮かび上がってきて、気持ちを立て直されたようです。その後、日ハムは戦力を伸ばし、栗山監督就任5年で見事、2度のリーグ優勝を果たしました。それ以来、栗山監督は日ハムに入団して2年目になる若手選手全員に『論語と算盤』を読むように、と手渡しているそうです。

選手のなかには、読書が苦手で、読まずに放っておく人もいるでしょう。しかし大谷選手は素直に『論語と算盤』を読むことに「難しいですね」といいながらも努力したようです。大谷選手が投手と打者の二刀流での一流プレーヤーとして花開き、メジャーリーグでも成功したのは、栗山監督の教えが大いに役立ち、『論語と算盤』もその一助になったのかもしれません。

見えない未来を信じる力

栗山監督はご自身の著書のなかで『論語と算盤』を引きながら、「見えない未来を信じる」ことの大切さを、強く説かれています。
入団当時、大谷選手の世評は「二刀流は無理」「プロでは通用しない」というものでした。球団内でも二刀流には否定的な声があったそうです。しかし、栗山監督は「前例がないものを、どうして否定するんだ？」「なぜ翔平の見えない未来を、信じようとしないんだ？」と逆に疑問を感じ、批判には屈せず、大谷選手の二刀流を認めて育成にあたります。つまり、過去の前例の枠にとらわれず、大谷選手自身がみずから持っている才能を引き出したのです。これは、栗山監督の見えない未来を信じる力が、歴史的な二刀流のプロ野球選手の誕生と日ハムの躍進を引き寄せたといえる出来事です。

渋沢栄一が活動していた明治維新は、見えない未来を信じる力が、最も有用な時代でした。それまで数百年続いていた江戸時代の常識が壊され、それまでの前例が通じない世のなかに突入したのです。将来何が起きるのか、まったく不透明となっていました。いわば、社会も経済も、じつに不安だらけの時代であったでしょう。そのような中で渋沢栄一は、国力を高めるためにおよそ500社の会社の起業に関わり、およそ600以上の教育機関、病院、社会福祉施設、社会活動団体などの設立も手がけました。見えない未来を信じる力を持った人物だったから、そのような活発な行動がとれたのでしょう。

では、見えない未来を信じる力を発揮できるのは、大谷翔平や渋沢栄一のような特別な才能の持ち主だけでしょうか。いいえ、そんなことはまったくありません。今この本を手に取られている、あなたにも必ずその力があります。だからこそ、本書を手にされているのです。

一人ひとりは微力かもしれません。ただ、その微力の足し算、掛け算によって、見えない未来を信じる力が大きくまとまり、よりよい明日への流れができていく――実際、その流れは現在、ＳＤＧｓという大きな潮流となり、世界を舞台にした経済界に広まりつつあるのです。

渋沢栄一は「資本主義の父」と呼ばれますが、じつは「資本主義」という表現を自分では使っていません。彼は、経済活動の根幹を「合本《がっぽん》主義」と表現していました。

日本の銀行をつくりだしたのは、渋沢栄一の大きな業績の一つです。それは「一滴一滴が大河になる」という合本主義に基づいた事業でした。

「しずくの一滴には力がないけれど、集合させることで、水滴となります。水滴は小さな水流をつくりだし、やがて大河になる」

このような考えのもとに個人の小さなお金を集め、国家の経済力の基盤づくりに努めたことが、渋沢の興した銀行の原点になっています。

本書で詳述しますが、ＳＤＧｓも同様です。小さな個人の投資や活動でも、世界全体を変えていくポジティブな流れにつながる可能性に満ちているのです。それが、見えない未来を信じる力です。

イマジネーションが文化を築いた

さて、質問です。

人間だけが持っている、他の動物にはない特徴的な能力とは、何だと思いますか？

生物学界では、「イマジネーションである」といわれています。

たとえば、チンパンジーは知能の高い動物です。体験したことの延長として、一定の未来を想像し、生存活動に役立てることができると考えられています。しかしチンパンジーといえども、自分が会うことのない子孫のことや、自分たちが棲息しているところから遠い森のチンパンジーの生態を想像することはできません。

人間には、それができるのです。

見えない未来と、見えない場所の出来事を、想像することができます。イマジネーションによって、それらの不可視の世界と関われるのです。

いうまでもなくとても素晴らしい能力なのですが、同時に不安も生みだします。たとえば「老後は2千万円貯金がないと暮らしていけない?」など、まったくもって大きな不安ですよね。

不安を持つのは、人間としては余分なストレスかもしれません。しかし、未来を想像できる、見通せる、信じられるというイマジネーションの力があるからこそ、人間は見えている今と見えない未来を結びつける〝と〟という飛躍を発揮できるのだと思います。それが期待や希望となるのです。

人はイマジネーションによって、頭のなかで違う空間を行き来でき、タイムトラベルができます。時間を超えた飛躍のなかで、「と」の組み合わせにより、単なる動物の群れから社会をつくり、文化・文明を築くことができました。また倫理や道徳という、文明に不可欠な感性は、イマジネーションがないと育まれません。〝と〟の力とは人間力、ひいては人間そのものだともいえるでしょう。

SDGsでは、壮大な人類規模での〝と〟の飛躍、つまり、見えない未来を信じる力が試されていると、私は考えています。SDGsの掲げている目標はいずれも、独立したものではありません。各企業や団体がそれぞれに達成を試みていくことで、項目と項目が自然につながり、目標が達成されていきます。SDGsの枠組みのなかでは、日本企業の得意とする地道な積み重ねが、大きな効果を発揮します。

SDGsの17の目標と169のターゲットとは、じつは2030年への飛躍をバックキャスティング（逆算）するツールです。大谷翔平氏が用いた目標達成法であるマンダラートと同じ原理といえます。「誰一人取り残さない」社会を確かなものにする将来から、新たな需要や価値を見つけていく、そのための逆算的なツールなのです。

時代は渋沢栄一の頃からずいぶん変わりました。ですが、ＳＤＧｓの言わんとすることと『論語と算盤』の趣旨は、ほぼ同様だと考えられます。どちらも述べていることは、サステナビリティ（持続可能性）です。

「算盤」はサステナビリティのために不可欠です。でも、「算盤」だけを見つめているとつまずいてしまうかもしれない。一方、世の中が著しく変化しているなか、「論語」しか読まない。これも、サステナビリティが乏しいです。「論語」と「算盤」とは、未来へ進む車の両輪のように合わせた〝と〟の関係です。

私は〝と〟の力を問い続けることである『論語と算盤』の現代的かつ地球的な実践が、ＳＤＧｓであると考えています。

そしてさらなる一歩を進めるのが、本書の試みです。

ＳＤＧｓと投資を結びつけること。渋沢栄一の残した『論語と算盤』を継承する一人として、これこそが私のなすべき仕事だと考えています。

世界経済は今、ＳＤＧｓに真剣に取り組む局面に入ろうとしています。

しかしＳＤＧｓに対して、一般的に充分な理解が進んでいるとはいえません。

本章では、その理念をシンプルに説きつつ、具体的に何をしていけばよいのか？　私たちがどのような意識でお金を使うとよいのか？　を、一つひとつ提案していきます。

ＳＤＧｓへの投資は、取り組みが始まって間もない、社会実験だとも考えられます。

本書を通して、読者の方々と共にサステナブルな社会づくりを進め、「誰一人取り残さない」社会実現への一助となれたら幸いです。

1　貧困をなくそう
2　飢餓をゼロに
3　すべての人に健康と福祉を
4　質の高い教育をみんなに
5　ジェンダー平等を実現しよう
6　安全な水とトイレを世界中に
7　エネルギーをみんなに　そしてクリーンに
8　働きがいも　経済成長も
9　産業と技術革新の基盤をつくろう
10　人や国の不平等をなくそう
11　住み続けられるまちづくりを
12　つくる責任　つかう責任
13　気候変動に具体的な対策を
14　海の豊かさを守ろう
15　陸の豊かさも守ろう
16　平和と公正をすべての人に
17　パートナーシップで目標を達成しよう

SDGs投資

資産運用しながら社会貢献

目次

はじめに　3

第1章　MeからWeへ～投資の本質　27

第5章　インパクト投資〜新しいお金の流れにスイッチオン　193

編集協力　浅野智哉
図版作成　谷口正孝

第1章　ＭｅからＷｅへ～投資の本質

利益から価値の最大化へ

社会において、お金とはいったい何でしょうか。

本章では、そこから考えてみたいと思います。

まずは、企業という社会の重要な分子から見てみましょう。

これまでの企業の目的は、利潤の追求や、手がけているビジネススケールの世界的な拡大が優先事項でした。それも大切なことですが、はたして利潤の積み重ねのみが企業の役割でしょうか？　もちろん、答えは否、です。

ビジネスで得た技術や経済力は、社会に広く還元されていくべきです。人々が格差のない社会で幸せに暮らしていけるような整備を進めていくこと、次世代、次々世代にもわたり継承していくこと。そんな役割が、これからの企業にはより一層求められていきます。社会のニーズに応えられない企業の存在が持続することはない。これは当たり前のことです。

儲けることだけではなく、持続的な社会づくりを企業の目的とする。これは本書のテーマでもあるSDGsが描く未来につながる行動です。実際、持続的な社会づくりを試みている企業を積極的に援助していく動きが、国家間のレベルで近年とても活発になってきています。

ノーベル経済学賞受賞者の米国人、故ミルトン・フリードマン（1912〜2006年）は、1970年の『ニューヨーク・タイムズ・マガジン』（9月13日号）に、「ビジネスの社会的責任とはその利潤の最大化である」という記事を書きました。それ以降、株主利益と企業利潤の最大化を経営の目的とするシェアホルダー・アプローチ（シェアホルダー理論）が確立されていきます。

「会社の社会貢献は利益の最大化である」という彼の説は、新自由主義の市場において、長く支持されています。複雑な世のなかで会社という存在を簡素化し、効率性を高めることが大事であるという主張です。

ノーベル受賞者の賢明な考えが、間違っているというつもりはありません。しかし、フリードマンの主張は、あくまでも20世紀の文脈における考えではないでしょうか？

彼が活動していた当時は、効率性や生産性を高めることが企業価値の向上とされていました。ところが21世紀に入り、世界レベルで資源の枯渇や環境問題が深刻化するにあたり、社会的な課題はずいぶん様変わりしています。とくにＩＴ革命以降、安定産業が不透明になるにつれ、経済動態のスピードは予測不能になりました。効率性や生産性の追求で次世代の人々が速い変化にあおられ、貧困や不平等といった格差が国境を越えて問題化した結果、「持続可能な開発目標」と掲げられたＳＤＧｓが誕生した、といってもいいくらいです。こうしてビジネスの社会的責任は、**利潤を増やすという近視眼的な視点からサステナブルな成長へ**と移行しつつあります。

一方、「企業の存在意義は慈善活動ではない！」という声も聞こえてきます。「慈善活動」の定義とは、「社会的連帯感や倫理的義務感に基づいて、罹災者・病人・貧民の救済などのために行われる社会事業」です。先に述べたフリードマンの説とは、相容れないように感じられます。しかし、企業だから「社会的連帯感や倫理的義務感」を持つべきではないというのは、リアルな視点から見るといかがなものでしょうか。

企業の存在意義とは、弱者の「救済」に留まらず、「自立」の可能性を促すことだと私は考えています。

では、フリードマンの思想を21世紀の文脈で私なりに読み換えてみましょう。それは、「企業の存在意義とは〈利益の最大化〉ではなく、〈価値の最大化〉である」ということです。

企業が社会に提供するその「価値」とは、単に株主の価値だけではなく、経営者、従業員、顧客、取引先、そして社会など様々なステークホルダー（利害関係者）の価値です。

企業の存在意義とは「ステークホルダーの価値の最大化」であるという流れが、2020年現在のたしかな潮流です。そのような時代にあって、SDGs投資は「誰一人取り残さない」未来を引き寄せる、最適の方策だと考えられます。

投資でリターンを得るには

SDGsは投資の世界に、いくつかの変革をもたらしています。

一つは、**リスクの低減**です。

企業のSDGsへの関心が可視化されることで、企業ごとの社会性・社会意識がわかりやすくなりました。ＳＤＧｓに前向きに取り組んでいる企業は、事業環境の変化に敏感です。そういった企業を選んで投資すれば、経済的なリターンの持続可能性が高まるということです。

もう一つは、**ビジネスチャンスの可視化**です。

企業のＳＤＧｓへの取り組みによって、様々な事業開発への可能性が高まることが期待されます。たとえば電気自動車の再生バッテリー、ドローンを使った林業計測など、テクノロジーを駆使した事業開発とは、ビジネスの新たなトレンドへの長期的な事業投資です。企業の新たなビジネスチャンスの発掘が長期的な投資リターンへとつながります。

このように、ＳＤＧｓは投資で有用なリターンを得るためにも、大事な視点となっています。これからの日本には、ＳＤＧｓ達成に取り組む優良企業へ投資を実施し、企業も個人も、よき社会的インパクトのみならず経済的リターンが還元される国家レベルの実績が望まれています。

私が特に注目している地域は、日本からはるか離れたアフリカです。

若い世代のメイク・ソサエティ

21世紀に入った頃、私は最も人口が増えるアフリカに着眼し、企業経営者の団体である経済同友会ではアフリカ委員会に属していました。そして2019年の10月に、初めてアフリカの大地に足を踏み入れました。ヘルスケア・スタートアップを視察する日本経済新聞社の東アフリカのスタディツアーの団長として、エチオピアとウガンダを訪れたのです。

現地では、いくつかのスタートアップ起業のピッチイベントに参加しました。医療データのシステム化、簡易な医療機器、ドローンからＡＩまで、様々な事業モデルが発表されました。

現地の若い起業家たちには、共通点がありました。皆、「社会的課題を解決したい」というポジティブな決意で、事業展開に挑んでいました。起業家ですから、事業の算盤勘定が合致することも、もちろん大切です。しかし、「メイク・マネー」のみではなく、「メイク・ソサエティ」も同時進行させていくことが、彼らの原動力でした。その姿勢には、とても感銘を受けました。

なんとかして、**社会的課題を解決したい**。自分たちの行動で、社会を良い方向へ変えていきたい！　アフリカの若手から感じたポジティブなエネルギーは、じつは30代以下の若い日本の起業家たちにも見られます。大手企業に所属する若手サラリーマンも、同様です。社会的課題を解決すること。それは世界の若者たちの、切実な「やりがい」になりつつあるのです。

グローバルに広がるメイク・ソサエティの意欲は、経済成長を測るマクロトレンドとして、見過ごせません。

「儲けるだけでは、やりがいがないよね」
「儲けることも大事だけど、サステナブルじゃないと、いけないよね」
という、ＳＤＧｓに密接したストーリーが、21世紀以降の経済社会の基礎となっている
——この人間的な変化を、20世紀の経済学者ははたして予測できていたでしょうか！

イマジネーションから動く若者

2019年9月23日、ニューヨークで行われた「国連気候行動サミット」で、スウェーデンの環境活動家のグレタ・トゥーンベリさんは、強い語調で演説を行いました。

「あなた方は、金の話や永遠の経済成長というおとぎ話ばかり。よくもそんなこと言えるわね！」

環境活動の新たなアイコンとなった16歳（当時）の少女が、大人たちを前に、怒りを爆発させました。

彼女の発言や主張はいまや、世界の要人たちの政策にも影響を及ぼしています。パリ協定に加わっている日本にとっても、無視できるものではないでしょう。

本書をお読みの読者の方にも、それは同様です。

あなたにとって、グレタさんの主張はどのように感じられたでしょうか？

各国の経済政策を真っ向から貶《おとし》めるようなグレタさんの主張には、各方面から批判が向けられました。彼女だけでなく、ご両親にも攻撃が及んだといわれています。

ですが、私個人としては、「たしかに」と痛感した部分がありました。

国連気候行動サミットでの各国の主導者たちの話は、グレタさんには納得のできないものだったのでしょう。経済成長の恩恵をたっぷり受け、過去の成功体験にとらわれている大人たちは、地球温暖化に有効な対策を打ち出せず、環境を傷つけることを承知で「金儲け」を続けようとしています。そういった古い経済観にノーを突きつけ、持続的な社会づくりを目指したいというのが、グレタさんのような若者たちのリアルな願いなのです。

グレタさんとは面識がありませんし、彼女のナマの声を聞いたこともありません。しかし、彼女がどういう気持ちで怒りに至ったのか、未来を憂う気持ちがどれだけ強いかは、充分に想像できます。

彼女の怒りは、「はじめに」で述べたようなイマジネーションに起因しています。いま住んでいる世界、すなわち環境問題が停滞している世界の延長で描いた未来が、破滅的だという事実から目を逸《そ》らしたくない。経済成長を謳《うた》って、人々を騙《だま》そうとしている大人たちが、許せない。どうしようもない怒りに駆られて、グレタさんは抗議の声を上げ、行動に移したのでしょう。

彼女の原動力は、卓越したイマジネーションにあると考えられます。

演説のなかでグレタさんは、「How dare you!」という言葉を使いました。非常に強く相手を責める英語表現です。「よくもまあ！」という怒りとともに「そんなことがよくいえるものね！　どうしてそんなに無責任なの？　大人たち、しっかりしなさい！」というパーソナルな訴えです。つまり、公の演説で使われるお行儀のいい表現ではなく一対一の心の叫びです。私はここに、イマジネーションの力によって、**個人的な切望（Ｍｅの視点）を社会的課題（Ｗｅの視点）に高めた行動の手本**を見るのです。これは、持続性ある社会を実現していくための第一歩です。

「殖やす」から「使い方」を知る必要

ＭｅとＷｅの話を進める前に、いったん「お金について」考えてみましょう。

お金について、あなたが持っているイメージはどのようなものですか。

家族や生活を支えるための最も大事なもの、他人と自分を比べる指標、嫉妬や衝突を生む厄介なもの……人それぞれいろんな解釈があることでしょう。

共通しているのは、「あればあるほど便利」ではないでしょうか。お金があっても幸せとは限らないという大人もいますが、たくさん持っていたら必ず不幸、というものでもありません。不幸だとすれば、他人のジェラシーから生まれるあれこれでしょう。

たくさん持っていることを、とりあえず嫌がる人はいません。なので、世のなかにはお金を稼ぐ方法、多く集める手段が、情報として溢《あふ》れかえっています。書店に並ぶ本も、お金を稼ぐ方法を説いたものが最も売れています。

お金を稼ぐことは、みんなが求める欲求です。それを否定するのは無意味です。

でも、どこかうっすらと虚無感が漂うのだとすれば……そう、肝心の「お金の使い方」というものが、教育なり職業訓練なりできちんと説かれていないからです。お金の使い方を説く本は、実際に少ない。しかも、学校教育でも「お金をこのように使ってみよう」という授業は、ほとんどといっていいほどありません。「お金の学校」というと、「使い方」ではなく「殖やし方」を教える場だというのが日本の実情です。3000円の元手を3億円にした！　という情報は得られても、3億円の上手な使い方を指南してくれる教場は滅多にないのです。

投資についての理解がなかなか進まないのも、こうしたことが原因の一つかもしれません。お金は貯めるのも大事ですが、使い方を学ぶことはそれ以上に大切です。どのように使うか、どこへ投じればいいのか、使い方によって初めて、お金は価値を発揮します。

人が想像したものを形にする。それが、お金の最大の利点です。だから「あればあるほどいい」のはその通りだともいえ、**貯めるだけでなく、正しい知識を持って使う**こと。ここが、肝心なところです。お金を投じるための学力を身につけられれば、投資によって生まれるサステナブルな未来はよりリアルになる。そのように、私は考えています。

お金の色を整える

お金には三つの機能があります。

一つ目は、欲しいものと交換するために使います。つまり、**価値の交換**ですね。

かつて人は欲しいものを、物々交換で手に入れていました。ある程度はそれで充分と思いますが、物と物との交換ではお互いの条件が合致しないといけませんし、必要なものを効率的に得られません。物を置いておく在庫の場所も取られます。いろいろと面倒でした。

その点、お金は兌換《だかん》の条件が保証されています。在庫の場所も、あまり要りません。交渉の手間なく、公平な等価で、欲しいものを得るための手形として、お金は最適です。

二つ目は、**価値の尺度**を決めます。たとえばペットボトルの水は、１００～１３０円ぐらいが、価値としては手頃でしょう。１０００円だと高価に感じますし、10円だと何だか安すぎて怪しい……と感じます。お金は、物の価値を適正な判断におさめるツールです。

三つ目は**価値の保全**です。かつての日本では、お米がお金と同じぐらいの価値を持っていました。しかしお米は、保全できる期間が限られています。数年なら保ちますが、数十年放置すると、お米は傷んでしまい、価値は失われてしまいます。お金なら、価値が減殺されることなく数十年、孫子の代まで、保全されます。価値を失わないまま手元に残せる、財としての保全性に優れています。

これらの三つの機能は、誰でも理解できます。お金を生まれてから一度も見たことがないという人は別にして、お金の利用者はみんな、その機能の恩恵を受けて、生活しています。アナログ的な紙幣からデジタル的なキャッシュレス社会になっても、このお金の機能は変わることはありません。

しかし、使い方に関してはどうでしょうか。

世間的には、お金の機能の共通認識はあっても、使い方は千差万別……といったところではないでしょうか。

「使い方」について統一された解釈は、いまのところありません。

それでも構わないといえばその通りですが、便利な機能だけに留まらず、多くの人たちが共有できるポジティブなお金の使い方というものが、社会全体で学ばれてほしいのです。

先に述べた三つの機能のなかに、ヒントが含まれています。

お金には、色が無いといわれます。だからこそ、いい使い方をすればきれいな色になります。汚い使い方をしてしまったら、お金の色は汚れます。心の色を反映するのです。

お金の機能に含まれた「商取引（トランザクション）」を通じて、きれいな色に整えることが大切です。社会全体の色も、それに伴っていくでしょう。

お金の色をきれいにするには、ＭｅではなくＷｅの概念が役立ちます。

ＭｅからＷｅへのお金の使い方

欲しいものがあるとき、あなたはどうするでしょう？

まずはきっと、お金の機能の一つ目を用いて、欲しいものを得ようと考えます。ですが、欲しいものを手に入れるお金が足りない場合はどうするか。最もシンプルな答えは、貯金です。これは子どもでもわかります。

欲しいものが高価なものであれば、貯金の目標額は高まります。目的が見えやすく、手段としてはいちばん着実です。頑張って働いて、貯金をし、欲しいものが買えたときの達成感は何にも代えがたいものでしょう。それはそれで素晴らしい。

と、ここまでの「使う・貯める」という流れはＭｅの概念で行われる、お金の使い方です。

一方、Ｗｅの概念は、自分のためだけでなく社会へ還元していく視点で、お金を使います。目的や達成が見えづらいかもしれませんが、Ｍｅよりもはるかに、お金の価値は膨らみます。

たとえば、寄付です。

誰の心にも、「困っている人を助けたい」「何でもいいから力になりたい」という気持ちが存在するはずです。しかし、自分には誰かを助ける力なんてない……と、行動をためらう人が多いのも事実です。若い人は特に、自分の無力さに打ちのめされることがしばしばあるかもしれません。が、それではいけません。自分には何もできない。そんな無力感に覆われてしまうと、顔は曇り、周りの景色も沈んでしまいます。

何かを達成できる力は備わっていなくても、その力を持っている人を支援することは、誰にでもできます。支援のシンプルな方法、それが寄付なのです。

寄付は、自分ではなく、自分以外の人を助けるWｅの視点で生じた良心を、形にすることができます。

たとえば日本の小学生には、アフリカで教育を受けられない同年代の子どもたちを直接、救うことはできません。でも、教育の解決にあたっている団体が募っている基金などに、寄付をすることで、間接的に支援に関われます。寄付した１００円が、アフリカの地では教科書の制作などに利用されるのです。

自分には誰かを直接救う力がなくても、寄付によって、誰かを助ける力を強くする手助けができる。そう思うと、顔色は明るくなり、もっと多くの人を助けよう！　と行動する意欲も湧いてくるでしょう。

寄付の力を子どもたちにも発揮してほしいとの願いをこめて、コモンズ投信では「こどもトラスト」というプログラムを設けています。小学生の3~5年生ぐらいをスイートスポットにした試みです。寄付によって社会を変えていく、ソーシャルなお金の使い方を、子ども世代から広める取り組みをしています。

一人では微力でも、みんなの小さなお金を集めると、大きな力になる。それが実感として理解できると、「自分が社会を変えていく!」という自信が生まれます。

Ｍｅだけの満足に留まらず、Ｗｅを満たしていく意欲を持つこと。それによって、多くの人が協力して、大きなことが成し遂げられていく社会を私たちは今、迎えています。

寄付は、自分だけでなく私たち皆が満足する社会をつくる方法――Ｍｅの「Ｍ」という文字をひっくり返すと、Ｗｅという文字に変わりますよね? 物事はちょっとした発想の転換で180度ひっくり返る――と、お金は教えてくれます。

ありがとうの連鎖が企業力に

実のところ、Ｍｅの話の方が、売り物としては需要があります。

〝上手に大儲けする〟ための本はたくさん売られていますし、ベストセラーに数多くランキングされています。そういう本を書いたり、儲ける方法を述べたりする方が、喜ばれる気がします。個人が稼ぐのはもちろん悪いことではありませんが、本書では、そのお金を広く社会へ還元できる方法を丁寧に説いていきたいのです。儲け話に自身の欲望がそそられることは当然です。ただ、ＭｅよりＷｅの視点で考える方が、広く長く遠くまで届くと信じています。

その意味でも、寄付の効用は、強く推薦したい。〝他者をサポートする〟お金の使い方が子どもたちや若い世代の選択肢になってほしいのです。

寄付の力を最大限に引き出すのが、投資である。それが私の考えです。

では、株式投資とは、何でしょうか。

「一般の人々が、値上がりで利益を得る手段」というのが、一般的な答えかもしれません。解釈の一つとして間違いではありませんが、株式投資には「ありがとう」の連鎖、つまり「対話」という側面があります。私とあなた、私たちとあなた方の間に生まれる**「対話の**

価値」に支払われるお金、それが株式投資の本質であると考えます。

　この世の企業のすべてには、お客さんが存在します。お客さんが喜ぶサービスや商品を提供するのが、企業の役割です。サービスや商品を買ってくれたお客さんに「ありがとう」を伝え、お客さんも「ありがとう」を返します。企業は収益を給料に還元して、従業員に支払います。従業員は「ありがとう」と、受け取ります。彼らは家に帰れば、子どもたちのお父さんやお母さんでもあります。家庭では子どもを育て、子どもたちの学費を払い、ご飯をつくります。子どもは親に、「ありがとう」というでしょう。

　企業と株主の経済的な結びつきを頂点に、普通のお父さんやお母さん、そしてお金を稼いでいない小さな子どもたちを、「ありがとう」の連鎖がつないでくれています。その連鎖が、よりたしかにより強く、持続的につながっていくために、投資は役立っているのです。金額は、関係ありません。小さな投資の集積が、企業の「ありがとう」の連鎖の基礎となり、よりよいサービスや商品をつくりだす原動力にもなるのです。儲けることが主眼ではない投資で、「ありがとう」の連鎖を応援する。それが、Ｗｅのお金の使い方の最適法だと、私は考えています。

日本の「資本主義の父」といわれ、お金の使い方の達人であった渋沢栄一は、次のような言葉を後世に残してくれました。

〈真に理財に長じる人は、よく集むると同時によく散ずるようでなくてはならぬ〉

ここでいう「よく散ずる」とは、飲み会などで気前がいい人ということだけではありません。寄付や投資を通じて世の中へ還元する、Ｗｅのお金の使い方を示しています。「ありがとう」の循環です。

「ありがとう」が増えれば増えるほど、応援は集まり、企業の価値は高まっていきます。価値の高い企業は当然、成長の可能性があります。企業が大きく成長していくためには、「ありがとう」の連鎖に、多くの人に参加してもらわなければいけません。応援があるからこそ、企業は成長する。そしてお金がたくさん生みだされ、社会へ還元される。この循環構造を、投資を普遍的なものにすることで、より強固にしていきたいのです。

投資とはひいきのチームをつくること

「お金は、公に寄与するものである」という基本精神が、日本にはまだ足りないのかもしれません。アメリカではその点、進んでいる印象があります。

私は小学2年から大学を卒業するまでアメリカで育ちました。お隣の家の庭の芝刈りをしてお金をもらうとか、ベビーシッターで時給を得るとか、子どもが社会参加して報酬を得ることは、当たり前になっていました。私も小さいうちにレモネードスタンドを始めて、お金を稼ぐことを試みました。ベンチャービジネスの原点を、子ども時代に実地で学ばせてもらっていたのです。経済人としての体験学習の原点でした。

自分が仕事をしたことに対し、「ありがとう」が生まれ、お金が流れるというベースの体験を、アメリカの子どもの多くは普通に得ています。その体験があるのとないのでは、お金に対する解釈が、まるで違うものになるでしょう。

日本では、お金儲けは卑しいもの、という意識が古くから蔓延《はびこ》っているように感じられます。日本の子どもたちは、何もお手伝いしなくてもお年玉をもらえる習慣がありますね。でも、もらった瞬間、何が起こるか。お母さんが「私が預かります」と取り上げられてしまう。すると、お金がバーチャルな存在になってしまいます。

特に投資に対しては、汗水流して働かずに、あぶく銭を得ようとするズルさとでもいいますか、虚業のようにとらえられている向きがあります。不思議ですね。頑張って、いいサービスを社会に提供してくれる企業をお金で応援することが、どうして虚業なの？　と首を傾《かし》げたくなります。

プロ野球の試合を見にスタジアムへ行き、好きなチームのグッズを買って、チームを応援すること。それを虚業だという人はいません。好きなチームにお金を投じて、それが元手となりチームが強化されてリーグ優勝してくれたら、とてもうれしいのではないでしょうか？　勝利の喜びはプレイヤーだけでなく、応援しているファンも共有しています。投資もじつは、ひいきの野球チームの応援と同じことなのです。

投資は、応援の気持ちに根ざした社会参加の一手段です。子どもが働くことは、日本では抵抗感が強いと思います。ただ、子どもから「働く」という主体性を奪ってはならない。もっと自由に稼いでいいはずです。そして、その稼いだお金で「ひいき」つまり自分が気に入った「チーム」に寄り添って、消費者としてそのチームの商品を買う、株主としてそのチームのオーナーになるなど、そのチームが成果を高めていく喜びを体験してほしいと願っています。

関心事を世間から世界に

日本でお金儲けが卑しいと思われている理由は、Ｍｅの使い方が目立ってしまうからではないでしょうか。

お客さんへのおもてなしとか、気づかいや配慮に対しては、とても細やかな感性を発揮するお国柄ですが、お金の使い方に関しては神経質というか、自分だけ稼いで得をしているような受け取り方が強く、攻撃の対象になりがちです。いわば、ムラ社会特有の監視体制のようなものです。

本当はＷｅのためにお金を使っている篤志家もいるのですが、あまり目立ちません。たくさん儲けて、ＳＮＳでお金を配ります！　と発表するなど、パフォーマンスでお金を使う人が、注目を集めます。そして良くも悪くも名前が知られるようになり、さらにお金が個人に集中するという流れになっていきます。

このような現象が広まると、お金を自分が目立つことに利用する人は現れても、やはりＷｅのためにお金を使おうという人は、多くは出てきません。ＭｅではなくＷｅのお金の使い方が、日本であまり進んでいかないのは、そういった特有の構造というか、国全体の空気感が関係しているのかもしれません。

ですが、伸びしろがあるといえばその通りだ、というポジティブな見方もできます。これからＳＤＧｓをきっかけにＷｅの概念が急激に浸透し、お金儲けのイメージが、がらりと変わる可能性がある。そのためにはＳＤＧｓの思想が世間に浸透する必要があります。

日本人全体の傾向として、何をするにも世間が前提になりがちです。電車に乗り合わせた人同士は、滅多に挨拶を交わしませんし、みんなの視線は人ではなく、スマホに落ちています。他人への関心が、とても薄い。それなのに世間というものの動向や視線には、非常に注意が払われます。多くの親も、子どもに対して「世間を知りなさい」「世間に対して恥ずかしいことをしてはいけない」と教えます。これだけ世間に関心が向けられる国民は、私たち日本人以外はそういないでしょう。

日本人には、世界よりも世間なのです。ですが、ここが伸びしろです。そう、世間を世界に膨らませればいいわけです。世界の潮流はＳＤＧｓに流れつつある、といくら説いてもあまり実感が湧きませんが、「世間ではＳＤＧｓが来ているらしいぞ」という空気感が生まれれば、自然に一気に関心が広がっていくと予想します。

全体の総量が膨らむお金の使い方

投資の話をするとき、まず不安に思われるのが、自己資産の減少です。

「Ｗｅのためにお金を使う」といわれても、身銭を切った自己犠牲じゃないか……と思われる方もいるでしょう。当然ですが、それは誤解です。

投資は自己犠牲とは、まったく異なります。むしろ、資産を膨らませる有用な手段です。

たとえば、仲のいい友人と一緒に食事するときのことを想像してください。ひとりで食べた方が食事に集中できるのに、気の置けない友人と食べる方が、満腹感を得られていい気持ちになりませんか？　知らない話を聞けたり、新しい友人の紹介もあったりして、楽しい時間が過ごせるのではないでしょうか？　ご飯を食べる量はひとりのときより少ないかもしれませんが、得られるものは多いはずです。楽しみをみんなとシェアする喜びも生まれます。

お金も、同様です。

たくさんのお金を貯めこんで、自分の囲いのなかに閉じこめていれば、減少のリスクは抑えられます。しかし外に向かって使えば、出会いや縁を生み出し、停滞していたお金は動きだします。一時は減るかもしれませんが、長い目でみれば、総量が膨らんでいく可能性が生じます。資産を減らしたくない。それは誰しも当たり前の、自然な気持ちです。同時に、資産をよりよい形で殖やしたい。それも当たり前の欲求でしょう。ならば尚更、良くお金を使いながら、いい縁を呼びこみ、化学反応を起こして殖やしていく道をお勧めします。お金に「対話」をさせるのです。

Ｍｅの意識で貯めているだけでは、お金の化学反応は起きません。Ｗｅの意識で使えば、思いがけない成長の機会が訪れます。変化の小さな貯金ではなく、変化を呼びこむ投資。それが、預けているお金を、本当の意味で守ることなのです。

「現金が安心」は大きな誤解

お金を銀行などに預けて、たくさん持っていると安全、安心だ――これも、多くの日本人の意識に当てはまるのではないでしょうか。貯金信仰というわけでもないでしょうが、

「お札と硬貨が一番安全」を常識とする現金主義は、根強く残っています。日本ではタンス預金がいまだに莫大に眠っている、という現実もその証の一つです。

現金が重宝される理由は、わかります。貝殻の時代から、私たち日本人は手に持つものを、とても大事にします。そして手に持てるものに、心が宿ると考えます。いい例がお守りです。日本人に古くから継承されているお守り精神が、強い現金信仰を支えているとも思われます。

100万円の信託金額の数値よりも、100万円のお札の束の方が、まず間違いなく一般社会では評価されます。それはそれで、悪くはありません。100万円の使い道と価値は、数値でも現金でも一緒です。ただ、現金の方が安心・安全だというのは、大いなる誤解だといわせてもらいます。

そもそも、現金は物理的なリスクが大きい。「金庫に入れておけばいい」という問題ではなく、出し入れする以上、絶対に安全だという保証はありません。

また現金は、見えないところで国の経済情勢の影響を受けやすいのです。たとえば日本は、長年デフレ状態に悩まされていました。モノやサービスの値段が下がるのがデフレなので、消費者は「もうちょっと様子をみましょう」という姿勢になる。これが経済活性の停滞を生み出し、お金の流動性が減ります。では、インフレに転じればいいのか？　というと、また問題です。物価の上昇スピードと賃金の上昇が合えばいいのですが、なかなかそんなにうまくはいきません。インフレはほとんどの場合、物価が先に急上昇して賃金は据え置きのまま。ゆえに庶民の生活は苦しくなります。ちなみに、デフレもインフレも、経済社会では必ず生じる現象です。安定に留めることは至難の業であり、政府任せではなく個人でも防衛していく必要があるのです。

経済情勢は、年月とともに流動します。お金も同様です。時勢の流れに抗《あらが》わず、流動させなくてはいけません。貯金しているだけでは、安全とはいえないのです。デフレからインフレに転じたら、お金の三つの機能であるうちの一つの、価値の保全ができなくなります。持っている資産を現金に留めるのではなく、資産を分散させることが、本当の意味での保全だといえます。

現金はいつの時代も同じ価値を持ち続けるという常識は、幻想であること――まずはこれを認識する必要があります。

循環で生まれる新しい市場

かつての時代は、インフレ以上の金利が銀行預金にも保証されていました。しかし現在は、ゼロ金利時代です。Ｍｅの意識で、囲いこんでいると、手数料などを支払う度に目減りする一方になります。

他国の例ですが、２０２０年3月現在のスイスの50年債はマイナス金利であり、価格にすると２００スイスフランぐらいになります。債券は償還されますので、つまり50年、保有し続けていると元本は半減してしまうのです。到底、貯金が資産保全とはいえません。スイスほど成熟した国家でもそのような事態なのですから、日本も他人事ではないと思われます。

じつは、日本経済を一歩引いた視点からみると、「金余りの状態」だといわれています。市場に対してお金の供給量を増やした安倍政権。そこにゼロ金利も相まって、銀行にも市場全体にもお金が滞り、お金そのものの希少価値が激減してしまっているのです。

お金の量があるものの最適に循環されていないことが、日本社会の解決急務な課題です。貯めることだけに執着し、お金を使いたがらなくなっている人々がどれだけ多いかということです。我々日本人は、お金を貯めることに熱心です。家計資産に占める現金・預金の比率は、日本は5割を超えています。世界のなかで飛び抜けています。先進国ではもちろん首位なのですが、名誉の首位とはいえません。これは、お金を社会の資源として運用しないという思考停止の表れでもありますから。

滞留している大量のお金は、◯◯ショックなど経済危機があったときの底割れを回避する、ポジティブな役目もあります。しかし、社会にお金がじゃぶじゃぶと余り続けるのは決していいことではありません。見えないところでインフレが起こるのは、見えないところで日本人の資産が毀損《きそん》していることでもあります。

たっぷりのお金を動かさずに、貯め続けたい。そんなマネー依存症に、日本社会は陥っています。そんな贅肉だらけの経済状態を見て、永続的成長だなんてよくもいえるわね！と怒ったのが、グレタさんです。ある意味、ぐさりと核心を突いた叫びでした。

市場に余っているお金は、どうしたらいいのか？

投資に回し、持続可能性ある価値をつくり、分配へとつなげていくのが最適です。それも、社会の一部だけではなく、幅広い層から投資に参加することが、格差をゆるやかにしていく効果につながります。その投資が新たなビジネスや、サステナブルな事業として造成されていけば、社会は実質的な未来を生みだしてゆくでしょう。個人の貯金に縛られない「**Weの意識での循環**」に、その成否は委ねられています。

第2章　論語と算盤、ＳＤＧｓと投資

～〝と〟で持続させる経済社会

キーワードは共感と共助、そして共創

「はじめに」で、渋沢栄一の合本主義について述べました。

彼は「一滴一滴が大河になる」という合本主義に基づき、銀行を設立し、日本の民間経済を拓きました。

一滴のしずくには力がないけれど、集合させて流れができれば原動力となる。それと同じように、小さなお金を集め、国家の基礎となる大きな水流をつくりだそうとしたのです。渋沢栄一の思想は実を結び、現在の日本の銀行をはじめ経済社会が存在しているといえるでしょう。

小さなしずくの一滴を集めるには、何が必要でしょうか。

キーワードは、「**共感**」です。

銀行には、資産家から一般家庭の方々まで、多くの人がお金を預けています。それは「我々の大切なお金を保管してほしい」という、共感の集まり。共感なくして、一滴の集合はあり得ません。

20年ほど前、私は大手ヘッジファンドに勤めていました。ヘッジファンド業界は「俺のカネを減らしたくない。毎年、殖やしたいんだ！」という絶対的なリターンへの欲求に基づいた富豪たちの共感で成り立ちました。翻って、社会活動やボランティアは、「無償でいいから他者を助けたい」という共感が人々の間から生まれ、みんなの力で実行されます。共感は、散らばった存在を集める力があるのです。

ただ、人が集まっても、ワイワイがやがやしているだけでは意味がありません。共感があっても強弱や濃淡、得意・不得意、長所・短所、いずれもでこぼこです。いろんな人が集まったはいいけれど、事業として前進しない……ということは、しばしば起きます。集まった小さな力は、共に助け合わなくてはいけません。

共感と同じように、大切なキーワードが、「**共助**」です。

苦手なところ、弱いところを補い合い、でこぼこをなくせば、物事はスムーズに回り始める。一滴が流れへと変化していきます。

共感と共助を合わせること。いわば足し算ですね。それが合本主義の根幹になります。足し算が成功したら、次のステップでは掛け算ができます。

合本主義における掛け算とは、「**共創**」です。創ることが繰り返しできれば、掛け算効果へとつながります。

共に感じた者たちが集まって、共に助け合い、共に大河の流れを創っていく。そんな共創こそが、渋沢栄一が真にイメージした社会像ではないでしょうか。

小さな力を集め、日本を共創する。渋沢栄一のその思想は多くの支持者を得ましたが、異論を発する人もいました。よく知られる「ライバル」は、三菱財閥の祖である岩崎弥太郎です。栄一と弥太郎は、郵船事業をめぐって、激しく対立したといわれます。それには複雑な経緯があるのですが、弥太郎が栄一の合本主義に懐疑的だったのは、たしかなようです。

弥太郎は小さなお金を集めて社会へ還元していくのは非効率で、「才能がある人物が資本と経営を一手に握らなければ、決してうまくいかない」という考え方でした。栄一の説く「一滴一滴が大河になる」主義とは、相容れません。しかし、弥太郎と栄一は「東京海上保険会社」の創立に一緒に関わるなど、ビジネスマンとしての根底の部分では、つながっていました。ときにぶつかることはあっても、弥太郎もまた、栄一たちと一緒に社会を共創する、大河の一滴だったのかもしれません。

合本主義はステークホルダーキャピタリズム

渋沢栄一の合本主義は、国富論に近いでしょう。「民間力が高まらなければ国は豊かにならない」との確信から、出自に関係なく一人ひとりの努力が報われるような社会を目指していました。そこから民間の多くの人たちの出資で国の経済を強くし、そこから国民へ還元していくシステムを構想したのです。

岩崎弥太郎の考えていた資本主義とは、今でいう株主資本主義でした。企業価値とは株主価値を高めること。これは私が80年代に米国の経営大学院（ＭＢＡ）で学んだときに教わった定義です。弥太郎の立場でなくとも、株主資本主義は当たり前の考え方でした。

時代は移り変わり、２０２０年現在、社会全体がＳＤＧｓの実走を始めました。そうしたとき渋沢栄一の合本主義は、幅広い有効性が認められます。

企業を運営していくためには、株主だけではなく、経営者が要ります。もちろん従業員も必要です。さらには取引先がなくてはダメですし、顧客、従業員たちの家族のサポートを含む社会など、様々な人の力が求められます。

総じると、それらはステークホルダーです。「利害関係者」と訳される言葉ですね。企業と利害関係を有するステークホルダーたちがそれぞれの役目を果たし、会社の価値を高めるという共感によってお互いの役目を共助すれば、強い企業価値をつくることができるのです。

渋沢栄一の合本主義は、現在、欧米が着眼し始めた「ステークホルダーキャピタリズム」と言い換えられます。

企業が提供する価値は、株主だけの価値に留まっている時代ではありません。経営者、従業員、顧客、取引先、そして社会など、広義におけるステークホルダーの価値を、まとめて創出していくことが求められています。これからの企業の存在意義とは、**ステークホルダーの価値の最大化**という時代なのです。渋沢栄一は約1世紀も前から、そのことを説いていたのです。

実社会でのサステナビリティとインクルージョン

『論語と算盤』は、渋沢栄一のトレードマークとなる思想論です。この本で説かれている思想は、ときに「倫理的資本主義」と解釈されることがあります。栄一自身も「道徳経済合一説」という表現を用いておりますので、間違いではないでしょう。

しかし、経済の話をするときに倫理とか道徳とかいわれても、戸惑う人は少なくありません。道徳経済合一説という言葉も、やや堅い。どこか他人事のように感じられる表現ですよね。「抽象論は興味ない」と敬遠されるのも、無理のない話です。講演会などで『論語と算盤』について話すときは、私はもうちょっとエッセンスを噛み砕き、渋沢栄一のこころを伝えています。それは多くの人にとって、〝自分事〟として受け入れられるような内容だと思います。

たとえば、『論語と算盤』の「算盤と権利」（第七章）のなかには、「合理的の経営」という教えが出てきます。

〈経営者一人がいかに大富豪になっても、そのために社会の多数が貧困に陥るようなことでは、その幸福は継続されない〉

これは、お金儲けを否定しているわけではありません。一人ひとりの努力によって、それぞれが仕事に就いて稼ぐことを、渋沢栄一は否定していません。むしろ、そのような意欲を持つべきだと考えていました。ですが、経営者が稼ぎの手段を選ばず、儲けを独り占めしてしまうこと。それは、結果的には自分自身の幸福にもならないいんじゃないの？　という論旨だと解釈できます。

別の章では、こんな指摘もあります。

〈正しい道理の富でなければ、その富は完全に永続することができない。したがって論語と算盤を一致させることが今日の大切な務めである〉

「永続」のためには「道理」が必要だということです。

私は「継続」と「永続」というキーワードに着眼しました。つまり、渋沢栄一が『論語と算盤』で最も言いたかったことを今の言葉で表現すれば、「**持続可能性＝サステナビリティ**」ではないでしょうか。

未来に向けてよりよい社会を継続していくためには、算盤勘定ができなければ〝サステナビリティはない〟のです。一方、算盤だけを見つめていると、どこかでつまずいてしまうかもしれない。また「自分は論語が好きで、お金儲けなんて卑しいことには関心ないよ」という方もいらっしゃるでしょう。それはそれで結構だとは思いますが、ＩＴ革命以降、世のなかが猛スピードで変化していくなか、論語しか読まないのではサステナビリティに欠けている姿勢ではないかと感じます。論語と算盤は、未来に向かって進む車の両輪です。片方が大きくて片方が小さくてもいけません。

サステナビリティともう一つ、『論語と算盤』から連想される言葉があります。インクルージョンです。

日本語では「包摂性」と訳されていますが、渋沢栄一が考えたインクルージョンというのは「結果平等」ではありません。渋沢栄一は「富の平均的分配は空想だ」と述べています。それぞれの才能、努力、成果に関係なく、お金は平等に、誰にも分け隔てなく、分配される――そんな社会は幻想で、理想的ではないということです。なぜかといえば、世のなかにはいろんな立場、いろんな才能を持った人が、バラバラに存在します。多様性という表現もできますが、要は社会全体をひとくくりで対処するのは、とても難しい。必死に努力する人がいる一方で、まるで努力しない、向上心のない人もいます。そのような状態で、同じ恩恵を受けることが当然な社会であるべきか？　それは違うでしょう、ということです。渋沢栄一も、社会で弱者といわれる人たちも含む、それぞれの努力がそれぞれに報われる社会を目指していたのだと思います。

『論語と算盤』は、結果平等を謳ってはいません。しかし、機会平等は保たれるべきだと、語っています。

では、機会平等とは、何でしょう?

たとえば、社会で弱い立場の人々に対しては、福祉の施設や法整備で対応します。家庭環境や身体に問題がある人々には、それぞれの条件で自立できる機会をつくります。そのような「機会」の平等を、渋沢栄一は考えていたのだと思います。でなければ、600ぐらいの教育機関、社会福祉施設、今でいう「NPO」や「NGO」の設立に関与することはなかったでしょう。

豊かさは人によって違いはあっても、幸せになるための機会は万人がアクセスできる。そんなインクルーシブな社会を、渋沢栄一は思い描いていたのです。貧しい国の人を救うために、「魚を与えるのではなく、釣り方を覚えてもらいましょう」とよくいわれます。その考え方に近いでしょう。

今の世界は、インクルージョンであるか？

残念ながら、そうではないと私は感じています。

先進国でも貧富の格差は深刻化し、過激な思想組織によるテロ事件が毎日のようにどこかで起きています。排斥される人々は数多く、「自分たちは包摂されていない」「あらゆる機会を奪われている」という孤立感が、反社会的な行為を生む大きな要因になっています。これらは世界に蔓延《まんえん》する不安の大きな要素であり、我々皆の課題の一つです。

総中流社会を目指していた日本も、「インクルーシブな社会」であるとはいえません。小さな子どもが貧困家庭で苦しみ、しばしば最悪の結果となる事件が起きています。強い者が弱い者をいじめ、抵抗する手段の少ない弱い者は、苦しみ続けるか、命を落としてしまう……そんな酷い現実が存在します。

可能な限り多くの人たちが、平等な機会とそれぞれに合った幸福を得るためには、サステナビリティとインクルージョンが何よりも必要だと考えます。それは渋沢栄一の時代から変わらない、社会の理想像の根幹です。しかし、1世紀も前から唱えられても実現されない、とても困難な課題です。

けれども、潮目は変わりつつあります。もうお気づきですね、サステナビリティとインクルージョンを社会が獲得するヒント――それがSDGsなのです。

AI時代こそ〝か〟より〝と〟の力を活かそう

『論語と算盤』の教えを簡略化すると、「〝と〟の力を持ちましょう」となります。

多くの人は問題や現状を解決するとき、〝か〟の力で解こうとします。二者択一の考え方です。一方、〝と〟の組み合わせ、もしくは掛け合わせという思考は、どちらか一つを選ぶのではありません。どちらも選ぶ。つまり、一見つながらないものをつなげていくわけです。これからの時代には、これは最も必要な力であると私は考えています。

〝と〟は文法のなかで「and」、〝か〟は「or」の用法で使われます。〝か〟の力は1か0、白か黒など、取捨選択の際に便利です。選別して、区別して、物事を進めるときに用います。〝か〟の力は、効率を高めるんですね。だから組織運営には不可欠な力です。物事を分析するうえでも必要で、買い物など日常生活でも必要でしょう。

しかし〝か〟の力だけで、物事を進めていくと、どうでしょう？　効率はいいかもしれませんが、新しいクリエーションが求められるような場面では、異分子、矛盾や無駄などを切り捨てる〝か〟の力だけでは新たな創造は起こりません。

対して〝と〟の力は、異分子、矛盾や無駄なものをつなげるようにします。たとえば論語と算盤、普通に考えたらビジネスで一緒に進めるのは無理っぽい、二つの要素です。しかし〝と〟の力は、「どっちも同じことです。一緒に進めましょう！」と、合致させてくれるのです。「矛盾したものをつなげるなんて、絶対に無理！」と反論する人は、〝か〟の力の恩恵を受けすぎて、やや思考が固くなっているのかもしれません。〝か〟の力の方がわかりやすいです。隔離しますから。しかし、隔離することでは新たな化学反応は期待できません。

〝と〟の力を使い続けていると、フィットしなかった物事があるとき突然カチッとはまり、「こういう角度で、こういう動作だったらフィットするぞ！」と、発見できることがあります。それこそが、新しいクリエーションです。矛盾や無駄さえも〝と〟の力を駆使することで、ポジティブな化学反応の原料になり得ます。発明の飛躍のためには、決してバカにはできない力になります。

人との出会いの場でも、〝と〟の力は効力を発揮します。

たとえば〝か〟の力で、交流関係を絞り、利益を得られそうな人とばかり会っていると、縁の飛躍はなかなかありません。でも〝と〟の力で、「あの人と会う」「こんな人とも会う」と、選別せず出会いを重ねていると、あるとき縁がスパークして、出会うはずのなかった属性の人とつながり、思いがけない事業へ発展することは少なくありません。

AIの発展が目覚ましい昨今、〝か〟の力よりも〝と〟の力が、人間同士の出会いには重要になってきます。

AIはディープラーニングのプロセスで、膨大なビッグデータを駆使します。無限の0101 01……の積み重ねで、社会のインフラを高度にサポートしています。まさに〝か〟の力の結晶ですね。AIの側は〝か〟の力で行う作業を決してミスしないですし、うっかり忘れることも、パフォーマンスを落とすこともありません。物忘れするし、朝は頭がぼんやりしている人間が、敵《かな》うはずがない。AIの優秀な機能に、人間の多くの仕事や労力は、取って代わられるでしょう。それはそれで便利になる面もあるので、悪いことではありません。

しかしＡＩは〝か〟の力には優れているけれど、未来予測に関しては、どうでしょう？　すでにあるデータや経験値をもとに、目の前の選択肢を０１０１というデジタルな情報処理で積み重ねていくことが、ＡＩの得意技です。量子コンピューターになると異なる世界になるかもしれませんが、現在のＡＩではまったく未経験値のことまでは想像できない。つまり、ＡＩは見えない未来を信じる力は、持っていません。データがないからです。

一方、人間は持ち合わせているデータや知っていることは、ちぐはぐです。けれども、想像や直感で未来のことも「これだ！」と予測できます。ほとんどの場合、その答えは間違っているかもしれません。でも、ドンピシャと当たる場合もあります。人間の〝と〟の力は、知見を自由に組み合わせ、時間や空間を難なく飛躍できるのです。ＡＩにはない、人間に備わっている脳内のジャンプ力や直感が、〝と〟の力だといえます。

翻って、ＳＤＧｓについても考えてみましょう。

ＳＤＧｓは、「できるかできないか」という〝か〟の力の問題ではありません。２０３０年まで「誰一人取り残さない」という飛躍です。言い換えると〝か〟の力では、ＳＤＧ ｓを達成することは不可能でしょう。試行錯誤を繰り返す人間の想像力、すなわち〝と〟の力が、ＳＤＧｓ達成には不可欠なのです。

ＳＤＧｓは『論語と算盤』の現代版

ＳＤＧｓは壮大な〝と〟の力の集まりです。２０３０年まで「誰一人取り残さない」ことを人類共通の目標にした実行計画です。あと10年のなかで、17のゴールと１６９のターゲットを、どれだけクリアしていける？　という、大きな思考実験が課せられています。

２０１５年にＳＤＧｓが起草された段階では、ほとんどの日本人が「はぁ？　２０３０年まで、こんなにたくさん……無理でしょう」という反応だったと思います。

ですが5年が経ち、いかがでしょう？　ＳＤＧｓに関する本が軒並みベストセラーとなり、シンポジウムが盛んに行われ、ＳＤＧｓを取り上げるメディアは増えてきました。17色のＳＤＧｓのバッジを胸につけている人も多く目にするようになりました。そしてグレタさんのような世界的に認知される若い環境活動家も現れました。意識の急速な高まりを、一般の方々も感じられているでしょう。

ＳＤＧｓは〝か〟の力では、なかなか達成できません。選び取るより、つなぐこと。取り組みを、ランダムにつなぐことで生じる飛躍が、その達成を助けていくものです。ターゲットの一つ目から順々に、着手しなくてもいい。できるところから始めるのが、正しい挑戦です。

たとえば経営者が、社員の健康を考えて福利厚生を手厚くすると「3番（「すべての人に健康と福祉を」）を達成できる！」と同時に、「働きがいが高まって8番（「働きがいも　経済成長も」）も達成できる！」と考えられます。取り組みによって、いくつものターゲットのマッチングが結果的になされていくことが、理想といえます。まずは動きだし、自分たちもＳＤＧｓに関係している！　と体感できることが先決です。その「やった気になる」だけでも、重要な一歩となります。

ＳＤＧｓの掲げる目標は多岐にわたり、すべてを達成するための確実なセオリーはありません。正しい道筋も見えません。しかし各企業や団体、また一人ひとりが取り組みを始めることで、多くの飛躍が生まれる可能性があります。それらの飛躍が自然に結びつき、循環を重ねていくことでしょう。

ただ、ＳＤＧｓは未来の予測ではありません。先にも述べたように、ＳＤＧｓは「2030年までに達成します」という目標を実現するためのバックキャスティング（逆算すること）のツールです。逆算という手法で、予測だけでは気づけなかったたくさんのジャンプを促す、そんな社会みんなの課題だと思ってください。

企業がＳＤＧｓに取り組む意義とは、「誰一人取り残さない」という人道的な見地、すなわち論語思想の推進だといえます。

しかも、ＳＤＧｓには、論語だけでなく算盤の意義も含まれています。これは、新たな価値観であり、新たな需要を発見するチャンスなのです。日本企業がこれまで得意としてきた経験の積み重ねに基づくフォーキャスティング（予測すること）に、バックキャスティングの手法が加わるわけです。二つのベクトルを、〝と〟の力で結ぶことができれば、そこに新たな価値創造が生まれます。ＳＤＧｓは、ビジネスでの新たなクリエーションをうながす、最善の取り組みです。「なんとなく」、「まあまあ」という曖昧な感性を持つ日本は、〝と〟の力を海外の国よりも養ってきた、という見方もできます。ゆえに、ＳＤＧｓの先進国になれる可能性は、大いにあるのです。

このように、『論語と算盤』の論語の部分は、SDGsでは「誰一人取り残さない倫理性」、算盤の部分は「新しい需要や価値を見つける収益の探究」に重なります。異なる要素を組み合わせることで、化学反応が起き、大きな目標が成し遂げられる。**渋沢栄一の教えには、すでにSDGsを達成するための飛躍が説かれていた**のです。

本書の「はじめに」で紹介した大谷翔平選手のマンダラートも、まさに飛躍の思考を表した図です。高い目標を達成するための逆算ツールとして役立ち、大谷選手の活躍を支えました。同じように『論語と算盤』も、サステナビリティとインクルージョンを社会で実現していくための、重要かつ実践的な示唆が詰まっています。つまり、現代的かつ地球的『論語と算盤』が、SDGsなのです。

専門家のMDGsから私のSDGsへ

SDGsについてさらに話を進める前に、MDGsについても話しましょう。

MDGs(Millennium Development Goals)は「ミレニアム開発目標」の略称です。2

000年の9月に、ニューヨークで国連ミレニアム・サミットが開催されました。その際に採択された、国連ミレニアム宣言を基にまとめた開発分野における国際社会共通の目標です。

MDGsでは、貧困や飢餓の撲滅などの八つの目標が掲げられ、2015年を達成期限として世界各国で様々な開発事業が行われました。日本も、国際機関経由の政府拠金などで、MDGsの推進に貢献してきました。

2015年の達成期限をきっかけに、後継となる目標をどのように掲げていくか――その議論のなかでまとめられたのが、SDGsなのです。

ちなみに私はMDGsの頃から、事業に関わっていました。当時、私が理事長をつとめていたNGO団体は、米国のビル&メリンダ・ゲイツ財団の助成金により、「グローバル・ファンド」というエイズ・マラリア・結核の制圧を目指す国際機関を支援していました。

グローバル・ファンドという存在を耳にした日本人はそう多くはないでしょう。スイスのジュネーブに本部を置く国際機関であり、三大感染症といわれるエイズ・マラリア・結核の制圧を目指しています。また、この国際機関の「生みの親」が日本であるということもほとんど知られていないでしょう。

２０００年の九州・沖縄Ｇ７サミットにおいて、議長国である日本がリーダーシップを取り、新興国が深刻な状況下に置かれている三大感染症の制圧に先進国はコミットすべきだという宣言がまとめられました。これは、長年提唱されていた「人間の安全保障」の具体策でもありました。そして２００２年に各国政府の拠出でグローバル・ファンドがつくられ、現在もしっかり運用されています。この三大感染症の制圧は、ＭＤＧｓのゴール６（「ＨＩＶ／エイズ、マラリア、その他の疫病の蔓延の防止」）でした。

このような仕事をしていたので、ＭＤＧｓは私にとって身近な存在でした。

ＳＤＧｓがまとめられたとき、ＭＤＧｓ関係者の一部からは、否定的な意見が出ました。「八つの目標を達成するのも大変だったのに、17は多すぎないか？」「目標がピンボケするのではないか？」という懸念です。

しかし私は、ＳＤＧｓの新設を、「いいな！」と直感しました。「Ｓ＝Sustainable」の言葉が入っていたからです。

ＭＤＧｓは「Ｍ＝Millennial」が先立ちます。先進国が２０００年代初頭をイメージして、途上国の開発のために何ができるのかという援助活動でした。政府間の協議であり、専門家同士のやりとりに終始しているような印象がありました。それなりに意義を持っていましたが、世間の認知度は限定的だったのです。

一方、ＳＤＧｓはサステナブルなゴールを目標にしています。つまり、これは先進国から途上国という援助活動だけではなく、先進国自身の持続可能性に関わってきます。また、政治家、政府関係者、専門家という一部だけではなく、一般社会の多くの企業や個人でさえも、何かしら取り組める可能性があると直感しました。

ゴールはゴールでも、サステナビリティとは「その先にずっと続いていくもの」というイメージです。区切りや、終わりはありません。サステナブルな世の中を目指すためには、経済的に強い国からの支援だけでなく、新興国も全世界が一丸となって目標へ向かってほしい。そして政府レベルでなく、個人一人ひとりが意識的に行動して、一緒につながり、知恵を出し合いながら持続的社会を形成していく。そんな広く具体的なイメージを、Ｓの言葉に感じることができたのです。

専門家からみんなのものになった、世界規模の開発目標が、SDGsなのです。目標に掲げられているグランドメニューは多いですが、それだけ一企業でも一個人でも、必ず参画できる余地があります。つまり、MDGsは政府の課題で、SDGsは私やあなたの課題である――「自分も関われる」「直接つながる」「よし、私もやってみよう！」という意欲で臨めるのが、現段階のSDGsです。

ボーダーレスなマインドセットとは

SDGsの推進を考えるとき、大事なポイントは、**「世界はつながっている」という意識**です。地方か都市か、新興国か先進国か、といった〝か〟の考え方では、見えない場所とのつながりを想像する知性が失われてしまいます。

地方創生は、都市創生と表裏一体です。流通や税制など多くの機能で、地方のインフラは、都市部のインフラ整備を支えています。その逆も然《しか》りです。いうまでもなく、地方と都市部の生活は、密接に関わっています。切り離された独立解放区のような場所などはなくて、すべての街は連動しており、密接な相互関係にあると認識してください。

特定の地域だけのサステナブルは、あり得ません。すべての地方、ひいては地球全体は、つながっている。特にIT革命以降、境目の壁は低くなり、差異はフラットになっています。地球の反対側にあることにも、イマジネーションを働かせないといけない。私たちが抱えている深刻な問題は、地球の反対側にいる人たちにも同じようにあり、そのまた逆もいえます。

飛行機で片道10時間かかるような異国の人たちから学べることは、何だろう？　彼らと、共に何ができるのか？　助け合えることは、何だろう？　そういったボーダーレスなマインドセットが、ＳＤＧｓでは必要とされています。

前述の〝と〟の力が理想的に使われるためには、閉鎖的にならず、外からの視点や意見を、抵抗なく受け入れていくことが大事です。近年はインバウンドの観光客が激増して、各地方で「海外からのお客様をもてなそう」というスローガンが掲げられています。おもてなしの心は大切ですが、そもそもの話をしますと、お客様なんていう人は、いまの時代にはいません。来てくれる人、出会う人、全員がパートナー。地方創生の事業でも、お客様感覚で人材を招いていてはダメだと思います。隣のムラから来た異分子も身内に取りいれ、そのアイデアや行動力を貪欲に活かしていくべきです。

人は誰しも、コンフォートゾーンを持っています。文字通り、「居心地のいい場所」です。自分が生まれた街や国、生活している地域社会、勤めている会社、業界、そして家族……それらのコンフォートゾーンのなかで、私たちは安心して暮らしています。

コンフォートゾーンは生まれ持ったものとは限りません。成功体験や、好き嫌いの積み重ねを介して、後天的に少しずつできあがっていきます。枠組み内というか、攻撃されるリスクが少なく安らいで生きていける環境。すなわち安全地帯ですね。属性に基づいた個人それぞれの安全地帯が、コンフォートゾーンになり得ます。

もちろん安全地帯は、あっていいでしょう。思いもよらぬトラブルに巻き込まれることもないですし、味方も多い。安定した収入を得て、落ち着いて生活するには、コンフォートゾーンは頼りになります。コンフォートゾーンを維持しようとするのは、他の大型哺乳類からの攻撃にさらされていた人間の本能なのでしょう。

しかし社会全体が、コンフォートゾーンにこもってしまうのは、いかがなものでしょう？

あるいは企業が、社員まるごとコンフォートゾーンに留まっていると、企業はどうなるでしょう？

ウチだけの視点だけでソトの視点が奪われてしまうと可能性を問うまでもなく、成長を失い縮んでゆきます。こうして外からの視点を拒絶するコンフォートゾーンは、いつしかコンフォートではなくなるという、皮肉な現象を起こします。そのようなことを避けるためにも、快適であり続けるには、多少の歪みを覚悟しながら外からの異物を受け入れていかなければならないのです。

「よそ者・若者・バカ者」の法則

地方振興の事業を成功させるために、最も大切なものは何か？「よそ者・若者・バカ者」の活用に尽きます。

地方はある意味で、究極のコンフォートゾーンですよね。その土地だけの資源や観光名所に恵まれていますが、一面的にみると、地元で生まれ育った大人たちの組織で閉鎖された空間です。そういったコンフォートゾーンを活性化、さらにはサステナブルな環境にしていくためには、思いきって、よそ者・若者・バカ者という異分子の意見を採り入れていかなければいけません。

外からの異分子を取りこむ刺激によって、コンフォートゾーンの枠のなかで化学反応をおこす〝と〟の力により、新たな価値創造をするイメージです。異分子による活性化により、枠組みは広がり続け、快適な環境が持続的に維持される。そうすることで、インフラや知恵の成長も保たれます。

ウチの否定でありません。ウチの存在がなければそもそも価値創造が不可能だからです。ウチの存在が前提となり、よそ者・若者・バカ者という異分子と新たな価値が共創されることを推奨しています。

このよそ者・若者・バカ者の登用の考え方は、まさしくＳＤＧｓのために用いられるべきです。従来のコンフォートゾーンを成長させていくには、内側からの意見に留まらず、外からの視点や刺激を呼びこむことが重要な課題となります。よそ者を切り捨てる〝か〟の力だけでは、持続的社会は実現しません。あらゆる未知の可能性をつなぎ、価値観を創成していく〝と〟の力こそ、ＳＤＧｓの原動力となり得ます。

しかし、コンフォートゾーンの側によそ者・若者・バカ者を呼びこむのは、正直とても面倒くさいことです。衝突も起きるし、手間も時間もかかります。枠の内側の人たちは、最初は努力していても、次第に調整が煩わしくなって、よそ者・若者・バカ者に対し「そっちはそっちでやって」と、投げ出してしまう場合もあるでしょう。彼らも「だったら自分たちでやります」と、枠の内側の人たちに背を向けてしまう。せっかく交わりかけた〝と〟の力同士に、断絶が生じます。ひどく残念なことです。

「うちはうち。よそはよそ」という考え方は、好ましくありません。すでに「うち」と「よそ」という区分けは、存在しない世のなかになっています。あらゆる属性の人たちが、〝と〟の力で協力していかなくては、新しい未来をつくりだすことは、できないのです。

枠の内側と外側の人たちが、根気強く、お互いに歩み寄り、お互いの力を寄せ集めていくことが大切。そして、いままでになかった価値観や事業を生みだし、ＳＤＧｓを一つでも二つでも達成していく努力を、続けていくべきだと考えます。

よそ者・若者・バカ者の側も、彼らだけでは力を発揮できません。枠の内側、たとえば過疎の進む地方や大きな組織に飛びこみ、枠の内側の人たちと意見を交わしていくことで、初めて能力が活かされます。

俺たちは古い組織に縛られず、俺たちの力で変化が起こせる！　と息巻くのは、バカ者の特権です。大いに結構。しかし破天荒な勢いは空回りするだけで、エネルギーが無駄になります。枠の内側の、すでに完成されたシステムや人間関係を、いい意味で利用していくこと。内〝と〟外との力がつながることで生じる、化学変化をみんなで楽しんでほしいのです。地方のお年寄りが「若い人はそんな面白いことを考えているんだな」と感心したり、外から来た若い人が「昔の人は、こんなに頑張ってシステムや事業を整備したのか」と驚いたりするのは、とても有意義なことです。ＳＤＧｓ達成のプロセスも、そのような場として利用できます。

瀬戸内国際芸術祭のビジネスモデル

よそ者・若者・バカ者を呼びこんで成功した地方再生の例として、瀬戸内国際芸術祭を挙げましょう。

ご存じの方も多いと思います。「ART SETOUCHI」と銘打ち、瀬戸内海に浮かぶいくつもの群島を舞台に3年ごとに開催される、地域活性活動の総称です。2010年から開催されています。直島《なおしま》、豊島《てしま》、犬島、大島、女木島《めぎじま》、男木島《おぎじま》など12の島で、多くの現代芸術作家たちが作品を展開しています。

アートを通して地域の活力を取り戻し、再生を目指す。そんな構想が始まった当初は、瀬戸内海周辺の住人の間では懐疑的な意見が大半を占めていました。なぜ、意味がわからないアートを置くのか？　とか、こんな辺鄙《へんぴ》な場所で芸術祭なんて成功するわけないだろう、といった消極的な反応です。瀬戸内海に浮かぶ島々は観光地として整備されているわけではなく、住人も少ない。漁場としての魅力も下がっていました。ひと昔前までは、効率性を求める産業文明下の廃棄物の捨て場のようにさえなっていたのです。

そんな地域に、よそ者・若者・バカ者たちが参入してきました。始まりは1985年。瀬戸内海の島に世界中の子どもたちが集まる場を作りたいという熱い願いを抱いていた福武書店（現・ベネッセホールディングス）の福武哲彦氏と、直島で清潔な教育・文化エリアを開発したいと望んでいた直島町長の三宅親連《ちかつぐ》氏が意気投合します。

哲彦氏の急逝で息子の福武總一郎氏（現・ベネッセホールディングス名誉顧問）が父の遺志を引き継ぎ、世界的な著名建築家である安藤忠雄氏の監修を受けて、瀬戸内の自然との一体感を味わえる「直島国際キャンプ場」をスタートさせます。1989年のことです。当時設置された屋外彫刻が、直島の現代アートの最初の常設作品となります。

1992年に美術館とホテルが一体化した「ベネッセハウス」がオープン。それから90年代は「現代アートは豊かな自然のなかにあってこそ、その本来の力を発揮できる」という總一郎氏の想いで屋外展、またアーティストを招いて「直島にしかない作品」や古い家をアート作品として改修する「家プロジェクト」へと展開します。

そして、直島の地中美術館や犬島や豊島における美術館が開館していく2000年代の半ばの06年に、總一郎氏は新潟の過疎地再生を目指す地域型芸術祭を仕掛けていた北川フラムというアート・プロデューサーと出会い、瀬戸内芸術祭への準備が始まります。

もちろん最初から順調だったわけではなく、周辺からは否定的な声も続いていました。ですが、福武總一郎氏、安藤忠雄氏、プロデューサーの北川フラム氏という素晴らしい最上級の「バカ者」の「と」の力が起爆剤となり、「現代アートによる地域再生」という成功ストーリーが実現されたのです。

瀬戸内は、米ニューヨーク・タイムズ紙の「52 Places to Go in 2019」の7位にランクインするなど世界から脚光を浴びる地域となり、２０１９年の第4回瀬戸内芸術祭には延べ１１７万人が来場しました。その内、国外からの来訪者は23・6％で、前回（２０１６年）の13・4％と比べると順調な増加をみせています。また、瀬戸内芸術祭の運営に不可欠なボランティアサポーターである「こえび隊」は若者が中心で、延べ９４５８人。作品受付を行う外国人ボランティアの比率は35・6％です。

２０１９年の瀬戸内芸術祭の経済効果は１８０億円と試算され、前回の２０１６年の１３９億円と比べると、こちらも順調に伸びています。現代アートが設置されなければ、決して生まれなかった経済効果です。

この成功は、よそ者・若者・バカ者の知恵と努力はもちろんですが、それだけではありません。住人の理解と協力が瀬戸内海の島々にもともとあったポテンシャルを引き出し、新しい価値を生みだしたのです。このような化学反応こそSDGsの理想とするビジネスモデルだ、と私は考えています。

経営とは、抽象的価値観を現実化することです。そして、壮大な人類の目標であるSDGsを企業価値に融合する経営は、現状の延長線とは異なるクリエイティビティが必要です。

非日常的な感動体験によってクリエイティビティが啓発されるという想いで2019年9月に開催された「SETOUCHI企業フォーラム」に私も参画する機会をいただき、大企業およびベンチャー企業の経営幹部と共に、アートと企業とサステナビリティについて考えました。このような〝と〟の力による新たな化学反応の手応えもあり、本フォーラムを継続させて進展する道筋が見えてきました。ここからも新しい価値が生じることは間違いないでしょう。

お金の本質とは不可視の力

アートは、作品として目に見えます。でも、アート作品自体に価値があるのではなく、アートに触れた受け手の内面に生じる感動や興奮にこそ、本当の価値があるのです。

そういう意味では、現金と似ているかもしれません。

現金そのものにも、価値はほとんどありません。1億円分の一万円札であれば、重さが10キロの紙の束。単なる製品です。物としての価値だったら、お米10キロの方が、よほど上でしょう。

実際の価値は、現金が保証している数値の方にあります。お札とは、信用を数値化したものを記載した紙です。信用は見えないので、お店などのリアルの市場で取引するには、数値化した券が必要になります。信用を印刷した紙きれ——お金は、それ以上でもそれ以下でもないのです。

渋沢栄一が2024年から新一万円札の肖像画になるという発表以降、私は国立印刷局を視察する機会がありました。お札の原版を手で彫る過程から、印刷工程まで、ひととおり見学させていただきました。最後の工程では大きなシートに、一万円札が20枚、印刷されて出てきます。それを大きな巨大なカッター装置でザクザクと刻んで、お札の束をつくっていきます。世間ではありがたがられているお金ですが、印刷工程では、ただの工業製品にしか見えませんでした。金融の世界では短期間で数百億円を動かした、という伝説の投資家は何人もいますが、何百億円もの束を実際に持って動かすのは、どんな力持ちでも無理だろう……そんなことを、ぼんやりと思ってしまいました。

見えているもの、形になったものが発揮する力は、限定的です。見えないところにある本当の価値を理解しなければ、お金も、アートも、真の活用はできません。見えないものを、魅力ある形にしていく。実体化を行うのが投資であり、未来を信じる具体的な手段ではないかと、私は考えています。

日本人は元来、見えないものを形にするのが得意な民族です。各地に伝わる仏像、伝承の生き物を模した像、御利益のあるお守りなど、さまざまな不可視のものを形にしていますね。世界のなかでも際だって現金信仰が強いのも、そういう独自の民族性が関係しているのかもしれません。

ＳＤＧｓは、見えない未来を目標に掲げています。「誰一人取り残さない」という不可視の力を、17のゴールに収めています。これを一つずつ可視化していくのは、たくさんの〝と〟の力です。つなぎあわせ、化学反応を起こしていくこと。よそ者・若者・バカ者の活用は、都市部でも地方でも国内にはまだまだ伸びしろがあります。見えないものを形にするセンスに優れた日本が、やがてＳＤＧｓの運動をリードしていくのは間違いありません。

第3章　ＥＳＧとＳＤＧｓという双子の関係〜手段と目的

環境・社会・統治を考えてこそ企業

ＳＤＧｓと同じ文脈で語られるものに、ＥＳＧがあります。本章は、ＳＤＧｓとＥＳＧ投資の違いから話を始めていきましょう。

ＥＳＧとは環境（Environment）、社会（Social）、統治（Governance）の略称です。サステナビリティのために重要なこの三つの要素を活かして優れた経営をしている企業、そこに投資するのが、ＥＳＧ投資です。

「Ｅ」には、エネルギー使用量や二酸化炭素排出量の削減などの環境面の配慮、「Ｓ」にはダイバーシティやワーク・ライフ・バランスへの取り組みなどが含まれます。「Ｇ」には資本効率への意識の高さや情報開示の充実などの要素が当てはまります。また、女性の幹部登用の推進、社外取締役を置いた経営の透明性の促進など、人事部門での試行も「Ｇ」に含まれます。

ＥＳＧではこうした「環境」「社会」「統治」の視点から経営を分析し、ＥとＳとＧの非財務情報をもとに企業の持続的な成長力を評価したうえで、投資が行われます。「儲かれば良かろう」と判断する投資とは立脚点が異なりますが、従来のマーケット情勢や各企業の業績および財務状況なども分析されます。

ESGの概念が生まれたのは、2004年頃といわれています。国連のグローバルコンパクトという機関が「これからは企業がESG＝環境・社会・統治を考えないといけない」と提唱し、欧米の大手機関投資家たちによってその意見が承認されたのです。

2006年には国連によって、投資判断にESGの観点を取り入れるためのPRI（Principles of Responsible Investment：責任投資原則）という世界的なガイドラインが提唱されました。

その後、グローバルコンパクトと世銀グループ、スイスの外務省が主催したフォーラムが開催されました。フォーラムには機関投資家だけでなく政府高官、世界のアナリストや民間のコンサルタントなど、幅広い分野の人々が参加しました。そこでESGの重要性が念押しされる形となり、さらに市場での重要性が高まったのです。ESGの起ち上がりから16年ほどが経ちます。経済界ではそれなりに歴史のあるムーブメントになっています。

企業に求められる道徳

ESGでとりわけ重視されているのは「G」、すなわちガバナンスの部分です。日本語では「企業統治」と訳されますが、投資の世界ではもう少し広い意味で使われています。企業には、経営者がいますよね。その人物は、誰の期待に応えなければいけないのか？

一般的なGの概念では、まずは株主です。この関係について、ガバナンスと表現されてきたのが従来の使い方です。経営者は一義的には企業の最高責任者ですが、欧米のビジネスの仕組みでは株主の「雇われの身」とされています。株主の利益をあげるために企業は存在している、というわけです。

しかしESGでのガバナンスは、環境と社会に密接につながっています。株主の利益をあげつつも、企業は環境と共に長期的な繁栄活動を目指すべきだという思想です。資本主義社会の理念に則《のっと》りつつも、永続的に皆で豊かさを分け合うことを目標にする、つまり**道徳に基づいている**のです。

ESGが世の中で形成される前の時代には、SRIが提唱されていました。SRIとは、「社会的責任投資（Socially Responsible Investment）」の略語です。日本では、1999年に設定されたエコ・ファンド、SRIファンドが社会的責任投資の初めといわれています。

このSRIは、社会的責任を持っている会社の株価は当然高く、業績も良いというのが前提です。そのため投資家にとっても、好まれる指標とされていました。

しかし、SRIには批判もありました。

「たまたま儲かっている会社で余裕があるから、社会的責任を果たせているだけではないか？」

という意見です。「悪徳ファンド（Vice Fund）」といわれるアルコール製造とか武器販売、ギャンブリングなど、西洋的には非道徳的なビジネスを手がける企業の株価のパフォーマンスの方がSRIファンドを上回っている、という指摘もありました。つまり、SRIの社会貢献と経済的リターンは因果関係ではなく、相関関係でしかないという意見も聞かれました。

ほとんどのSRIファンドは、個人投資家向けに販売されていました。表向きの看板は社会貢献に寄与している、と見映えがいいのですが、ファンドの中身は「勝ち組ファンド」などのような別称でも通用してしまう……という課題が残されていました。それが、1990年代後半から2000年初頭ぐらいまでの状況です。

企業と投資家の対話ツール

ESGの確立は、SRIの問題点を解消する効果もありました。個人投資家向けにテーマ設定で販売促進するということではなく、しっかりとプロの知見を持つ機関投資家に呼びかけることで、「企業の社会責任」という課題を明確化できたのです。

ところでESGは、日本ではどのような動きを見せていたのでしょうか。

2004年頃を起源に欧米で広まっていったESGの波に、日本は当初それほど乗ってはいませんでした。

もともと日本の企業には、近江商人が説いた〝三方良し〟の精神が根づいています。「売り手良し」「買い手良し」「世間良し」の三つですね。売り手と買い手がどちらも満足して、社会貢献にもなっている商売が最も良い商売、とされていました。三方良しが基本にあるから、「ＥＳＧをいまさら採り入れなくても間に合っています」的な空気が、日本の企業界にはあったように感じられます。

その空気がガラッと変わったのは２０１５年。日本国民の公的年金の積立金を運用するＧＰＩＦ（年金積立金管理運用独立行政法人）のＰＲＩへの加入表明でした。

ＰＲＩとは国連が２００５年に公表した投資原則で、国連に加盟する国の機関投資家が投資ポートフォリオの基本課題の取り組みについて署名するものです。この原則には、環境問題（Environment）、社会問題（Social）、企業統治（Governance）について、投資家たちが投資を通じて責任を全うする際に必要な原則が明示されています。

これに署名することにより、加盟機関投資家側は受益者のため、長期的視点に立って利益を追求する義務を遂行せねばならず、その意思決定のプロセスにはＥＳＧ問題を反映させることを表明できます。

ＧＰＩＦはＰＲＩへの加入サインをしたことで、「ＥＳＧを重視した投資活動を行っていきます」と、全世界に向けて宣言しました。日本最大級の機関投資家であるＧＰＩＦがＥＳＧをやります！　というのですから、ＧＰＩＦを大きなお客様にしている運用会社たちも従わざるを得ません。

GPIFは、単なる金融系の政府機関ではなく、ユニバーサルオーナーです。

ユニバーサルオーナーとは、巨額の運用資産を持ち、長期的な視点で幅広い資産や証券に分散投資を行っている投資家のポジションを表しています。ユニバーサルオーナーの運用資産は、国家の経済市場全体を所有した状態になっています。「すべての」「全体の」という意味のユニバーサルと、「所有者」のオーナーが組み合わされて、この呼称がつくられました。「すべて」の所有者であるため、経済社会の持続的な成長を確保するために企業に対して積極的な行動を起こすのも、ユニバーサルオーナーの特徴です。

例を挙げましょう。2014年から2015年にかけ、欧州のESG投資家たちは「脱石炭投資」を実践しました。石炭火力発電所や石炭資源への依存が強い企業から、投資を撤退する動きです。背景には、石炭火力発電への規制が強化されることへの懸念があると考えられます。世界的に、地球温暖化の抑制への取り組みが進んでおり、温室効果ガスを排出する石炭火力発電は減らされていく可能性が高まりました。そうなるとユニバーサルオーナーたちは、資産価値を失う可能性が高まります。

資産価値の損失を回避したければ、単純に石炭資源に依存する企業の株式を売却すれば済む話でしょう。「ESGを実践していない会社は売却します」という金融資産の引き揚げ行為を、「ダイベスト（Divest）」といいます。ですが、「すべて」を保有するユニバーサルオーナーはダイベストという手段を安易に使わず、あえて「脱石炭投資」を対外的に宣言しました。そうすることで企業や業界全体、規制当局に対してもシグナルを発し、社会の変革を促そうという狙いがあったのです。

２０１５年を機に、日本の経済界ではESGを重視する投資の機運がぐっと高まります。それによって、Gの課題を優先していた企業に、Eの環境およびSの社会の視点が一層取りこまれるようになりました。

企業にとって**ESGの導入は、投資家との対話ツールになる**。私はそう考えています。企業理念を基に、それぞれの立場を伝えつつ、長期的なビジョンで企業を育てていくための意見交換の方法として、ESGはたいへんに有用です。

こうしてESGも、SDGsも、人類の共通課題を解決するための存在である国連から生まれました。親が一緒なので、ＳＤＧｓもＥＳＧも根本は同じものでしょう。双子のようにつながって、両者は投資の基本ルールとして経済界に新たなムーブメントを起こしています。

新しい文脈での〝三方良し〟

では、双子の違いについても考えてみましょう。

たとえ根本は同じでも、ＥＳＧとＳＤＧｓは同じものではありません。まず、前章で述べたように、「誰一人取り残さない」というサステナブルな視点が組みこまれているのがＳＤＧｓであり、投資対象の文脈であるＥＳＧよりも広い人々を対象にしています。また、ＥＳＧは目的ではなく手段である一方、ＳＤＧｓとは、まさに「ゴール＝目的」であるということがポイントです。

ＥＳＧは、前述の通り、対話のツールとして活用すべきです。対話とは、可視化できない関係や筋道を、話し合いによって可視化することです。経済市場におけるコミュニケーションを、見えるようにするメガネ。これがＥＳＧであると、私は考えています。

先述のダイベストのように、「言うことを聞かなければ売っちゃいますよ」という脅しだけではなく、企業が社会環境に貢献しながら成長していく。そんなヒントを対話のなかでインプットしていくのに、ESGは役立ちます。「企業運営においてそこまで配慮しなくてはいけないんですか?」「そうですよ」という対話によって、具体的なアクションが生まれるからです。

企業と株式市場の従来の考え方では、環境への配慮はプラスの要素とみなされていたわけではありません。企業が環境に配慮した整備を整えることは社会にとってはプラス要素でも、そのためのコスト増による損益はマイナス要因となるので、企業業績および株価を下げてしまう。そのように考えられていました。

ところが、ESG投資が脇役から主役になると、この常識は変わります。まず、「環境にやさしい会社であれば買いますよ」という投資家が増えてきます。このような投資家が増えれば増えるほど、単純に市場の需給の関係でその会社の株価は上昇します。

同時に、本質的な効果も生まれます。たとえば、環境に配慮する設備は企業のコストアップになる。となると、そのコストを削減したいという動機も生じてきます。それは自社の技術革新によるものかもしれない。あるいは、環境に配慮する設備が世のなかで常識になれば、それを提供するための新たなビジネスが生まれてくるかもしれない。

つまり、社会の常識が変化することによって、新たな企業価値が生まれる可能性があるのです。それが自社のみに留まらず、価値創造のチャンスを第三者にも与えてくれる。ESGという観点によって新たな経済エコシステムが生じる可能性があるということです。結果的に、Win-Winの状態が生まれます。ESGとは、欧米の文脈から始まりましたが、じつはグローバル的な〝三方良し〟だといえるでしょう。

喩え話を続けます。強い競争力を持ち、業績も株価も堅調な勝ちパターンに乗っているA社と、同じように競争力があるB社があるとします。A社は自らの勝ちパターンに則り、「ESGなんていう面倒なことはする必要ない。従来のやり方でいく」というマインドで、経営を進めています。対するB社はESGを優先的に採り入れました。「これからは環境・社会・統治に取り組んでいこう」という謙虚な姿勢で、経営に臨みます。短期的に見れば、どちらの会社ももともと堅調なのですから、投資対象としては優れています。

しかし、長期的に見れば、どうでしょう？

変化していく市場のあおりを受けたときに、変化に対応できないA社は勝ちパターンが崩れ、業績を落としてしまう可能性をはらんでいます。しかしB社は、ＥＳＧを重視する経営方針に対応ができています。新しい事業環境変化の情報も、絶えず取り入れている。いわば、適応する力がある組織です。生物学でいうところの「適者生存」の能力を持っていますね。ダーウィンの進化論を引くまでもありません。環境に生き残る種は、何か？そう、決して強い種だとは限りません。環境変化にあくまでも適応できた種が生き残り、次世代に継承されていくのです。長期投資家の立場なら、A社とB社のどちらに魅力を感じるか――答えは、いうまでもないでしょう。

末永く生き残る能力があるのは当然、B社。短期的な収益を目指すならA社もB社もそれほど変わらないかもしれませんが、長期投資を考える場合、持続的な価値創造に疑問が残るようなA社にお金を投じる選択は、現実的ではありません。

物事を短期的な視点ではとらえない。長い目で、お金の運用を考える――このような投資家にとっての重要な指標として、ＥＳＧは利用できます。

社外取締役や女性の活躍

持続的な企業成長には、新しい情報に対するアンテナが不可欠です。ESGのGの部分とは、従来の勝ちパターンにとらわれていない「よそ者」の意見を取りこむこと。たとえば、社外取締役のような存在を通じて企業経営の中心部に、よそ者の意見を取り入れることです。いろんな衝突が起きたり、面倒くさい事態も生じたりしますが、よそ者の意見は、ガバナンスの見地においてはとてもいい刺激になります。もちろん、社外取締役の経験や知見、素質がこのような局面ではとても重要です。企業との関係性において、忖度《そんたく》に縛られることない独立的なマインドを持っていることも不可欠です。

東京証券取引所の上場企業の規定においては、社外取締役を「1名以上確保すること」とされています。では、企業が2名の社外取締役を任命したとしましょう。東証の規定には充分応えています。でも、その企業の取締役の総数が5名の会社と20名の会社では、社外取締役会の存在感がまったく異なるということは、小学生でもわかることです。

実際のところ、多くのESG投資家は2名の社外取締役では満足していなく、3分の1

の人数を求めているところが増えています。グローバルな上場企業であるという存在意義を示したいのであれば、半数以上の社外取締役が必要だ、というのが私の考えです。

もちろん企業にはそれぞれの考え方があり、多様性があるのは当然です。仮に「社外取締役は不要」という考え方があっても、それは「正しくない」わけではありません。ただ自社の立場を公に誠実に説明する必要があります。上場を決意して公開企業として維持していきたいのであれば「パブリック・カンパニー」、つまり、公の存在であるという意識をしっかりと持っていただきたいのです。

このようにGの観点を強化することは、企業を統べる阿吽《あうん》の呼吸をあえて崩すという刺激になり、企業の持続可能な価値創造にもポジティブな効果をもたらします。

Sのソーシャルという側面では、女性の活躍の推奨がみられます。

日本企業は欧米やアジアの企業に比べ、女性の活躍の場が制限されているといわれています。1970年代に男女雇用機会均等法の前身の法律が制定されてから半世紀近くも経っているのに、サラリーマン社会は男性中心の慣習が根強いままです。この旧態依然とした体質は、次世代に残したくないレガシーです。

以前、ある女性の活躍を推進するプログラムの審査員を担当したときのことです。活躍の目立つ女性社員を取材する場で、関係者の方々に面白いエピソードを教えてもらいました。

表彰した女性の所属されている会社は、名前の通った大手企業です。長い歴史のなかで近年、ESGを採り入れ、社風の変革を図っていました。人事部はまず、女性の活躍を推進しよう！と、要職に女性社員の登用を進めていたそうです。ところが当初は営業部から、「女はダメだ」と抵抗されたらしい。というのも、取引先の代理店は中小零細の古い会社が多く、少々乱暴な言い方をしますと、担当者は頑固なおっちゃんばかり。営業で女性社員を送ると「女なんか寄越すな！」と、怒り出す懸念があるからという理由でした。

現場からは、取引先との関係悪化を嫌がって、女性の登用に抵抗がありました。しかし会社はESGによる経営の英断で、女性の営業職を増やしました。

最初の頃は、取引先の評判は想定されていたように芳しくなく、泣いて帰ってきた女性もいたそうです。

しかし時間を経て、きめ細かいフォローや対応の速さに、取引先の印象は徐々に好転しました。女性の活躍によって、営業職に幅が生まれたのです。

いまでは取引先のおっちゃんたちは、女性の営業職をすっかり歓迎しています。たまに男性の若手などがつくと「女性の担当の方がいいよ！」と、逆に文句をいうほどまでになったそうです。

また、同じ会社ではワーキングマザーの環境向上にも努めていました。

たとえば、お子さんを託児所に迎えに行く必要がある女性には、17時に退社することが必要だったからです。要するに、17時以降のミーティングは不可能です。これに対しても、現場からは「早すぎますよ！」「外回りに営業の仕事があるのに、どのように意思決定できるんですか！」などと、非難囂々《ごうごう》でした。しかし会社の決定は、揺るぎませんでした。

「17時以降ミーティング禁止」のルールは遂行されました。

その結果、最初は渋々従っていた社員たちでしたが、17時までに意思決定するワークフローになったのです。つまり、生産性が高まる結果になりました。

最初は面倒だったり、反発も生まれたりするでしょうが、「よそ者」を採り入れることで、組織のなかに経済効果や効率の新しい可能性が生まれるのです。

ESGは手段でSDGsは目的

日本のすべての企業は、ESGとSDGsに関心を持つべきだと私は考えています。長期投資家の立場でいえば、なおさらです。直近の利益や効率性だけを追わず、〝と〟の力でEとSとGをつなぎあわせていくと、新たな経営合理性が生まれてくる。ひいてはそれが、会社のステージアップを手助けし、持続的な価値の保全を担保します。それが、長期投資家にとっては最も望ましいことです。

ESGは、ある意味では上場会社の文脈から誕生した理念です。

しかし、非上場企業にも、ぜひ推奨したい。

現時点ではスタートアップなど歴史が浅い非公開企業でも、ESGの意識を持っている会社だとアピールすることで、投資を得られるチャンスが広がります。若い企業は、スケールアップが期待できるビジネスを提案していくことが大事ですが、ESGの取り組みを前面に出して、「安心して長期投資できる会社」だと示すことに経済合理性があります。

投資が集まりやすくなれば当然、成長のスピードも加速しますよね。

さらにいえば、スタートアップの出口戦略、すなわち売却時のバリエーションの増大も期待できます。ＥＳＧを真剣に事業に取り組んでいれば、たとえ若い会社でも投資家目線からすれば魅力度は増します。上場してからＥＳＧに取り組むのでは、時代遅れになる可能性があります。これから上場を考えている、または売却のタイミングをうかがっているというスタートアップ企業にとっては、ＥＳＧはますます不可欠になるでしょう。


では、実際に会社がＥＳＧを実践する際、具体的にどのようなことが必要でしょうか。

ひと言でいえば、「**可視化**」です。お金を儲けたい欲求（それも大切ではありますが）以上に、「会社の価値を高める」という向上心が求められるのが、これからの時代です。

そもそも会社とは、何でしょう？　辞書を引くまでもなく、会社とは社会の公器です。公に寄与する機関として、上場・非上場問わず、公に役立つことが存在意義となります。

小さなオーナー企業の創業者には、「後継者をつくるつもりはないし、俺が死んだら会社は畳む」「会社の売却はまったく考えてない」と、一代限りの活動を決めていらっしゃる方もいるでしょう。それはそれで結構なことです。しかしその一代を最大限、社会のために役立て尽くし、価値を高めていくことが、会社の本分ではないでしょうか。

会社は、設立したその時点から、社会に対して責任を負っています。収益も大事ですがそれ自体が存在の目的ではなく、価値を創出し、その**価値創造を見える形にして、社会に還元していく**必要があります。会社の価値を高めるツールとしても、ＥＳＧは最適の方法です。すべての会社は、売り上げを重ねる努力をしながら、受け身ではなく積極的にＥＳＧを実践することで、公器としての役割を果たしていけると思います。

ミルトン・フリードマンはかつて、「ビジネスの社会的責任とは利益の最大化である」と主張しました。先述の通り、フリードマンが活動していた時代には、会社の目的は「利益の最大化」が正しかったのでしょう。ただ当時は、リソースがなくなっていく社会は、リアルに想像できませんでした。すでに資源は枯渇しています。日本だけでなく全世界的に枯渇し、いつになるかは明確ではありませんが、このまま人類が増えればやがて尽きるのはたしかです。そのような今、「利益の最大化」は組織の目的として現実的ではありません。やはり「価値の持続可能性」こそが、すべてのビジネスに求められていることで、人類みんなが発展していくのに最適化した考え方ではないでしょうか。

「価値の持続可能性」を言い換えれば、「持続可能な開発」です。そして、持続可能な開発の目標こそ、まさにＳＤＧｓです。このように考えるとＳＤＧｓは会社の「社会貢献」ではなく、存在意義そのものであるという実体が見えてきます。

これからのビジネスは、**ＥＳＧという手段によってＳＤＧｓという目標を達成する努力**を求める時代に突入しています。

ＳＤＧｓバッジをつける意味

さて、17のゴールと１６９のターゲットのＳＤＧｓは、企業の価値創造の手段であるＥＳＧよりさらに総括的な「誰一人取り残さない」目標を掲げていることを述べてきました。壮大な17の目標、１６９のターゲットは、幅広い領域のプレイヤーに参加を呼びかけています。大中小企業や投資家はもちろん、ＮＧＯ・ＮＰＯや政府、市民の方々……このようなマルチステークホルダーで取り組んでいこうとしているのが、ＳＤＧｓです。ビジネスのフィールドで完結する印象が強いＥＳＧとは、一線を画すスケールです。

前述の通り、2015年に採択されたSDGsの理念が日本の企業で広まったのは、2016年以降のことでした。最初はあまりに壮大な目標なので、「できっこない」という意見がビジネス界では多数を占めていました。が、2020年現在、流れは確実に変わり、SDGsに向かうという機運が日本全国の大中小企業において浸透し始めています。

大きく役立ったのは、SDGsの公式バッジでしょう。17のカラフルな色が円を描く、魅力的なバッジです。これをつけることで、「私（たち）はSDGs活動に参加しています」という宣言になります。バッジはまず証券業界から始まり、その他の金融機関や大企業で広まりましたが、地域創生の文脈で地域金融機関や中小企業への関心が高まりました。また、日本青年会議所などSDGsに関心を持つ若手経営層が広がっています。みなさんも、ビジネスの場でこのバッジを胸につけている方を見かけることが、増えているのではないでしょうか。

SDGsについて知らなかった方でも、バッジに関心を寄せてくれれば、そのバッジをつけた人はその意味を説明できるという話の種になり、SDGsの普及に役立ちます。特に日本人は国会議員でも、弁護士でも、サラリーマンでもバッジをつけることは生活習慣になっています。バッジをつけているだけで、ＳＤＧｓを実践している空気感が生まれます。この空気感は、実体をつくりだすのに有効的です。

経済活動には、ポジティブな印象がとても大切です。赤い羽根共同募金の赤い羽根が好例です。募金をすると、もらえるあの赤い羽根。あの羽根を胸につけている人が景色のなかに増えると、「私も募金したい」「募金はとてもいいことだ！」というイメージが広がります。

同じように、バッジという形のあるものが浸透することで、ＳＤＧｓは取り組むべき課題だという意識が強まりやすく、バッジはかなり効果的なアイテムだったと思います。バッジのデザインやサイズは、物を大切にする日本人の感性にもよく合っています。

ただ、このバッジをつけているだけではＳＤＧｓの本質的な取り組みにはなりません。日本人は目に見える形（カタチ）を好みます。形があると入りやすいからですが、バッジはあくまでも入口です。入口に留まることなく、なかへ入ることが、ＳＤＧｓ達成へとつながるのです。

日本社会におけるSDGsへの目に見える変化は、他にもあります。

多くの上場企業は「統合レポート」という報告書を作成しています。これは企業の事業報告である「アニュアルレポート」と社会的・環境活動を報告する「CSRレポート」や「環境報告書」が統合された媒体です。

SDGsが採択された翌年の2016年の企業が発行する統合レポートで、私が目を通した範囲では、SDGsへの取り組みについて言及して印象に残った企業は**味の素と丸井グループ**の2社の先駆者でした。ただ、それが毎年増える傾向となり、去年2019年の統合レポートではSDGsについて言及していなかった企業は、私が目を通した範囲ではありませんでした。これは大きな変化です。

また、おまけの参考として付けたものというより、たとえばデンソーのように、「社長からのメッセージ」でもはっきりとSDGsを明言する統合レポートが増えています。つまり、SDGsへの経営コミットメントを宣言しているということになります。たった数年間で、これほどの変化が日本企業にあったのです。

SDGsは、多くの企業にとって新しい理念です。企業の取り組みは始まっていますが、具体的な成果が出てくるのは、まさにこれから。まずは企業が「SDGsに取り組んでいます」という宣言が単なるアピールに留まらず、達成するコミットメントであるという意識づくりが大切です。

ムーンショットが現実を加速させた

SDGsの存在意義は、〝ムーンショット〟にあります。

ムーンショットとは、「壮大な課題解決への飛躍」を意味する言葉です。「できる」「できない」ということが判断材料になっていなく、「やりたい」「実現させたい」という未来の時点から逆算して創案される、斬新で壮大な課題解決です。達成するのはとても難しくても、実現すれば社会に大きなインパクトをもたらすテーマに挑む際に用いられます。**SDGsとはムーンショットである。**さっそく、これについて説明しましょう。

ムーンショットの生みの親は、ジョン・F・ケネディ元大統領です。1961年の5月、ケネディは上下両院合同議会の演説で、アポロ計画の支援を表明しました。壇上で「わが国は1960年代が終わる前に、月面に人類を着陸させ、無事に地球に帰還させる目標を達成させる。そのために全力を傾ける」と宣言しました。

当時、アメリカとソ連は冷戦状態のさなか、宇宙開発競争という名の熾烈《しれつ》な代理戦争を繰り広げていました。アメリカは科学技術の総力を挙げて開発に臨んでいましたが、1957年10月の人工衛星スプートニク1号の打ち上げを皮切りに、宇宙開発ではソ連の成功に常に一歩遅れている状態でした。ケネディの演説の前月には、ソ連はガガーリンによる人類初の有人宇宙飛行を成功させました。しかし上下両院合同議会で、ケネディは「月面に人類を着陸させる」と述べたのと同時に、有人月探査計画に200億ドル以上の予算を割くよう、アピールしました。

当時、議会の政治家、経済界や科学者の間では、ケネディの主張に冷淡な反応がふつうでした。「人類を月面に送るなんてできっこない」「ソ連には宇宙開発で勝てる見こみがない」「200億ドルもの予算なんて、バカげているんじゃないか?」という意見が、大勢を占めていました。

ケネディの宣言の直後の7月、宇宙飛行士ガス・グリソムがアメリカではふたり目となる宇宙軌道上での弾道飛行を成功させます。しかし、その実績を飛び越すようにソ連は翌8月、ヴォストーク2号で地球を周回するミッションを成功させます。アメリカはまだ一周もできていないのに、大きな差を見せつけられました。ソ連の後塵を拝しているなか、アメリカの政府も国民も、宇宙開発競争に力を注ごうという機運は、なかなか上がりませんでした。

そんななか１９６２年の9月、ケネディはテキサス州ヒューストン市のライス大学に招かれ、ライス・スタジアムで講演を行いました。若い学生たちを前に、次のように述べました。

〈We choose to go to the Moon in this decade and do the other things, not because they are easy, but because they are hard, because that goal will serve to organize and measure the best of our energies and skills......〉

大まかに訳すと、「10年以内に月に行こうと決めたのは、容易だからではありません。むしろ困難だからです。この目標が私たちの持つエネルギーや技術の最善を集結し、それがどれほどのものかを知るのに役立つからであり……」というような意味です。

ケネディは続けて、「月へ行くことは自分たちが受けて立つ挑戦であり、勝ち取るべき志だ」とも講演のなかで述べています。

もはやソ連とかライバルは関係なく、アメリカが人類で、最初に月へ行くのだ！　という、世界のリーダーである合衆国大統領の強い意思に満ちていました。

講演の冒頭の「We choose to go to the Moon」の一節が、ムーンショットの語源となりました。

ケネディの主張は、アメリカの当時の科学力では無謀でした。人工衛星の打ち上げから、やっと有人宇宙飛行を成功させたばかり。宇宙開発の歴史は4年にも満たなかったのです。10年以内に月へ人を送るなんて、とうてい不可能だとされていました。

それでも、ケネディの発したムーンショットが、未来を撃ち抜いたのは、たしかでした。

彼の言葉に感銘を受けた若いエンジニアや政治家、投資家たちが意気盛んとなり、アメリカの宇宙開発のスピードは、加速しました。そしてケネディのライス大学での講演からわずか8年後、1969年の7月、アメリカはアポロ11号を打ち上げ、人類初の月面着陸ミッションを成功させたのです。

ケネディの宣言通り10年以内、1960年代の終わりでした。

ムーンショットは見事に、見えなかった未来への飛躍を、実現させたのです。

「できるわけがない」から飛躍する

その後、ムーンショットという言葉は、「困難で莫大な費用のかかる取り組みだけれど、実現すれば大きな社会的インパクトが期待できるプラン」を意味するビジネス用語となりました。

ITやビジネス界ではイノベーターが掲げ、たびたび革新的な事業が実現しています。ワールド・ワイド・ウェブを発明したティム・バーナーズ＝リー、iPhoneを発明したスティーブ・ジョブズも、ムーンショットによって成功を得ました。アメリカの実業家ジョン・スカリーが、著書『ムーンショット！――Moonshot!』（パブラボ／2016年）のなかで詳しく説いています。

Googleも現在、ムーンショットプロジェクトに取り組んでいます。2010年、Googleは先端技術の研究開発部門のX社を設立しました。X社では、今の技術では難しいことでも臆することなく目標を掲げ、様々な開発事業にあたっています。AIに宇宙開発、グーグルグラス、自律走行自動車など、一般社会に実装させるための開発が日々進められています。

ムーンショットは、政治の世界でも使われています。

アメリカのオバマ大統領は2016年1月の一般教書演説のなかで、ガン撲滅に積極的に取り組む方針を表明しました。そして共同目標「ムーンショット・イニシアチブ」を立ち上げ、日本・韓国と共にガン治療研究を進めていくことで合意しました。ムーンショットは、夢物語を指す言葉ではありません。もはや実業の世界では、未来から逆算する具体的なプロセスの指針として、ムーンショットが不可欠なものになりつつあります。

ムーンショットの実現を目指した多くの事業には、優秀な人材だけでなく、多くの投資も集まっています。そして**SDGsとは、ムーンショットの最たるもの**ではないでしょうか。

掲げられた当初は「できるわけがない」「不可能だろう」といわれていましたが、根気よくアナウンスとアピールを続けていくことで、かならずや現実化できると確信する人々が増えていきました。ケネディがムーンショットを放った8年後に月へ人類を送りこんだ偉業を、SDGsも再現できるはずです。その可能性を、投資家や一般社会の多くの方々、そしてあなたに信じてほしいのです。

そのためのクスリが、渋沢栄一の言葉にあります。

逆境の処方箋〝大丈夫の試金石〟

渋沢栄一は生前、多くの言葉を残しています。

『論語と算盤』の処世と信条を説く項で、〝大丈夫の試金石〟というものがあります。

〈自然的逆境は大丈夫の試金石であるが、いかにその間に処すべきか〉

自然的逆境というのはいつの時代にも人々の前に立ちはだかる。そのときにどのような思いで、人は立ち向かうべきか——という心の処し方を語っているのです。たとえば、本年の新型コロナウイルスの世界規模のパンデミックです。その答えは、「自己の本分であるという覚悟」「足るを知る」「天命である」という観念だ、といっています。

ここで大事なのは、「足るを知る」ことで留まっていてはいけないということです。なぜなら、多くの逆境は自然的ではなく、人がつくる人為的逆境だからです。

人為的逆境の場合、渋沢栄一は「自分からこうしたい、ああしたいと奮励さえすれば、大概はその通りになる。けれども、多くの人は逆境を避けすぎて、自ら幸福な運命を招こうとせず、かえって自分から故意にねじけた人になってしまう」と唱えています。つまり、「こうしたい、ああしたい」ではなく、「どうせできないだろう、無理」という心のもちようで、自ら逆境を招いているのではないか？　ということです。

自然に抗わず、足るを知る。と同時に、持続可能な成長や実現を求める。そのような姿勢が、人生に**本物の〝大丈夫〟をデザインしていく**のではないでしょうか。私はそのように解釈しています。

人が〝大丈夫の試金石〟を身につけるのに妨げとなっているのは、じつは日本の教育ではないでしょうか。

義務教育から一貫して、学校では子どもたちに「できるか、できないか」の選択で、物事を考えさせようとします。数学ができる・できない、平均点を超えられる・超えられない、エリート校に合格できる・できない……など、たくさんの「できる・できない」の選択で、子どもたちの進路が決まります。最適な道を行くのに効率的ではあるのかもしれませんが、選んだ本人の望みに、叶っているでしょうか?

私の知る限り、社会で成功している人は「できる・できない」では行動していません。そうではなく、「やりたい・やりたくない」を、明確な軸として生きています。

「やりたい／できる」の実現

「できる・できない」「やりたい・やりたくない」を軸に、四つの領域に分けた図をつくってみましょう（129頁）。

当然ながら右上の「やりたい／できる」領域がベストポジションです。一方、左下の領域は「できない」ところではありますが、「やりたくない」ところです。優先順位が高くなく、場合によっては捨ててもよい領域です。問題は右下の「できる」のに「やりたくない」領域です。自分の子どもが「できる」勉強なのに「やりたくない」、上司や部下が「できる」仕事なのに「やりたくない」。それはいうまでもなく、問題領域です。

ただ、ほとんどの場合、私たちは左上の領域にいます。「やりたい」ことはたくさんあります。けれども、時間がない、お金がない、経験がない、制限があるから「できない」。私もそうです。

そして、その領域にいるときに、「できる・できない」軸で物事を考えて判断するとどうなるのか。「できない」ところなので、もともと「やりたい」ことが下の領域へと沈んでしまうかもしれません。「できない」ので、あきらめて「やりたくない」という領域です。

そんな負の領域に引きずられたとき、渋沢栄一の〝大丈夫の試金石〟の「こうしたい、ああしたい」の精神を、思い出してください。

逆境にいるけれど、やりたい気持ちを失わず、行動する。足りないものばかり数えず、足りているものに目を向けて、やれることを続ける。そうしていくと「できないことが、いつの間にかできていた！」となる可能性は、充分にあります。

図表3-1　「やりたい／できる」の実現

出所：筆者作成

成功者は、そうやって「やりたい／できる」の領域で、成果を出しているのです。ゴールを目指しながら、やるべきことをやっているうちに、引き寄せるというイメージですね。

「できる・できない」の軸で物事を考えていたら、世のなかを変えることはできません。なぜなら世界は、あなたが想像しているよりも、はるかに大きいのですから。

「できる・できない」の軸で変えられるのは、ほんの目先の成果だけ。世のなかを変えていくには、「やりたい・やりたくない」の軸を用いることが必要です。枠組みにとらわれずに、自分の気持ちに正直に行動を起こしていきましょう。たとえ困難なプランでも、「やりたい」意欲を失わず努力していると、いつしか「できる」領域で実践できるようになっています。

『論語と算盤』には、こんなヒントもあります。

矛盾した二つの力を結びつける〝と〟の力を駆使すれば、「できない」を「できる」に変えられるのです。

SDGsの時代に必要なのは〝と〟の力だと、ここまで何度も述べてきました。加えて「やりたい」〝と〟「できる」ことのマッチングが、ムーンショットを叶えさせてくれる術になります。SDGsも、立ち上げ当初は「できない」の声が大部分でした。しかし「やりたい！」の声で後押しする流れを今後もっと大きくできれば、必ず「できる」ものになります。まずはSDGsを実践している企業のトップが、「やりたい！」といい続けることが大事です。

その声を多くの人に届けるためには、今や様々なテクノロジーがあります。

たとえば社員50万人を抱えるグローバル企業のCEOであっても、チャットでも一斉メールでも、ビデオレターでも、50万人にダイレクトに意思を届けられます。一時代前はそれがなかなかできず、経営トップは社員との意思の共有を図るためにはピラミッド型の軍隊的組織が必要でした。大将と兵隊の距離の差は大きく、トップの意思が現場に届かず、現場の状況がトップにも届きませんでした。今の時代はもっとフラットな組織体制がテクノロジーのおかげで可能になりました。

テクノロジーのなかには、SNSもあります。動画配信もあります。意見をダイレクトに発信するツールは、豊富に選べます。誰もが世界とコミュニケーションでき、声を上げられます。

こうして今や、SDGsの理念が、何の障害もなくスピーディに浸透しやすい時代であることを私たちは知っています。アンテナを張っている人には、必ずキャッチされる。SDGsが高度なテクノロジー社会に生みだされたのは、偶然ではなく、必然的な意味があるのかもしれません。

矛盾同士で化学反応

従来の教育現場では、「できる・できない」の選択が重要視されていますが、私たち日本人は本来、〝と〟の力を発揮するのにとても長けています。

異分子を採り入れ、複合させ、さらにいいものをつくりだす感性の特徴を持つ国民性があると思います。

私たち日本人は、自分たちのことを「島国」だから同質性で、画一的な感覚の人が揃っていると思いがちですが、じつはそうではありません。実際には多様性を受け入れ、文化も娯楽もグルメも、いろんなものを混ぜ合わせるのが得意なのです。得意というより、根っから好きなのだと思います。

わかりやすいのは、カレーうどんです。私の好物ですが、冷静に考えるとかなりめちゃくちゃな料理です。

カレーの発祥はインド。そこから、イギリスへと渡り、おそらく海軍の関係で日本に持ち込まれた食べ物です。うどんは麺類なので中国大陸が発祥の地です。カンボジアには

「ウドン」という旧首都があり、本当かどうかわかりませんが、小麦粉を用いた麺をスープに入れて食べる習慣があったといわれています。もしかしたら、そのルートで日本に入ってきたのかもしれません。

まったく別の文化の異分子を見た日本人は何をしたのか。同じ鍋に入れて、御出汁《おだし》をちょっと加えた。「合わせたら美味しいんじゃない?」との思いつきがカレーうどんです。最高のチャレンジですね。

普通にやっているので、それがいかに世界的には不思議な食べ物かということは、日本人は考えません。じつは「島国」であるからこそ、海の潮の流れでいろいろな異分子がたどり着くのは日本です。その異分子を混ぜて、新しい価値をつくることは島国であるからこその日本人の感性なのです。

また、自由な発想で異分子を混ぜ合わせられたのは、障壁がなかったことも関係していると思います。もしもカレーやうどんを規制する「カレー省」や「うどん省」があり、御出汁を保護する「御出汁庁」が存在していたとしたら、カレーうどんは生まれなかったでしょう。

いまやカレーうどんを生み出せないで苦慮しているのが、金融界です。

日本の家計の金融資産は2019年12月現在で1903兆円以上であり、その半分以上が現預金に留まっています。日本はじつは資源大国なのです。けれどもなぜ、日本の金融界が、料理やデザイン界と異なり、世界一という評価になっていないのか。それは、様々な法令や規制だけではなく、業界慣習の「壁」があるからではないでしょうか。

この停滞をどうしていくべきか。いかに〝金融界のカレーうどん〟をつくっていくのか。それは私たち金融に携わる者一人ひとりの、大きな課題になっています。

そこで役立つのは、やはり『論語と算盤』なのです。

「論語」も「算盤」も異分子ですよね。二つを交わらせるのは、普通なら「無理でしょう」「できっこない」と諦められがちです。しかし「いや、もしかしたら何か変わるかもしれない」と、同じ鍋に入れてかき混ぜてみたら、どこかのタイミングで条件が整えば、化学反応が起きます。まったく新しい、カレーうどんを超えるような料理をつくりだせるかもしれないのです。

〝と〟の力によって、人は未来を見通し、すぐに成果が出なくても試行錯誤を繰り返していく忍耐強さを得られます。見えない未来を信じる力。その力が、ＳＤＧｓの実現には不可欠なのです。

垣根をつくらずに、持っている感性と発想を活かして、金融の未来を創造することが、いまの私たちに求められています。ムーンショットで掲げた目標にたどり着くためには、〝と〟の力を一人ひとりが掲げ、縦割りの「省」を実社会から取り払っていく必要があります。

だれもが「今日よりもよい明日」を求めています。でも、様々な生活の制限により、その実現性に顔を向けられない。しかし、「よい明日」というムーンショットに共感する仲間たちが社会の垣根を越えて集まり、〝と〟の力を発揮できればどうなるか。

「次の時代を共に拓いていける」

私はそう思っています。その手段の一つとして、コモンズ投信が提唱する長期投資があります。

第4章　コモンズ投信～楽しくなければ投資じゃない！

タンス預金は月まで届く?

2024年から流通する予定の新一万円札の肖像画に、渋沢栄一が登場することになりました。もし、その場に渋沢栄一が現れたら何と言うか。たぶん、こんなことを言うでしょう。

「ワシは暗い所がキライじゃ。頼むから暗い所に放りっぱなしにしないでおくれ!」と。

暗いところ、つまり、タンス預金のことですが、日本社会にどのくらいのタンス預金が眠っているかご存じでしょうか。なんと50兆円と推計されています。

現在、流通している紙幣の合計が100兆円といわれていますから、じつはその半分というもの凄い金額がタンスのなかに眠っていて、経済的にも社会的にも役に立っていない状態なのです。とてももったいない機会損失ですね。

仮に50兆円分の一万円札を、地面から丁寧に1枚ずつ重ねておいていくと、どのくらいの高さになると思いますか。ちょっと想像してみましょう。

日本で最も高い構築物の東京スカイツリー(634m)を超えるかな。それとも日本で一番高い所である富士山の山頂（3776ｍ）を超える？

いいえ、じつはもっと高くなります。

100万円分の一万円札は約1㎝です。ということは、1千万円が10㎝になり、1億円は約1ｍです。このように計算していくと、10億円は10ｍ、100億円は100ｍ、1千億円は1000ｍ、つまり、1㎞の高さです。

その10倍である1兆円分の一万円札は高さ10㎞になりますので、富士山の3個分に届きそうな高さ。そして、その50倍が50兆円ですから、高さは500㎞に及びます。なんと成層圏を突き出て、宇宙の領域に入る高さです。さすがに月までは届きませんが、国際宇宙ステーションが気をつけないと、衝突してしまうような高さになるのです。

それほど膨大な量のお札が、使われないままに日本中の家に収まっています。ただでさえ狭い土地面積なのに、場所の占有率を考えても……気が遠くなりますね。

ただ、これはタンス預金だけの話です。日本の家計が銀行などに収めている現預金は、日本銀行の資金循環統計によると1008兆円（2019年12月時点）と算出されています。「日本には資源がない」「アジアのなかでも貧しくなってきた」などとニュースやビジネス書でいわれていますが、かなり見こみ違いといえそうです。一般市民の現預金の総額は、世界のトップランク。人口2・5倍で経済規模が4倍のアメリカと、ほとんど並んでいるのです。

要するに、我が国日本は、依然としてとんでもないレベルの大金持ちなのです。世界がうらやむほどの膨大な現預金に満たされている資源大国。それが私たちの日本です。「アジアのなかでも貧しくなった」、といわれる悔しさや、お金を投資に回すことの不安に誰もが苛まれているのは、優れた資源の存在を知らないだけかもしれません。

お金の使い方をMeからWeへ。渋沢栄一が勧める「よく集め、よく散ぜよ」という意識を総動員で高めることは、日本人の急務です。

少子高齢化対策の立ち遅れ

投資は「インベスト（invest）」であるという話から、本書を始めました。

自分の知らない外の世界から、いろんな情報や成長を採り入れる＝「vestに・inする」ことが、投資の本質です。

お金を活かしていくためには、見えない未来への想像力が不可欠となります。しかし、見えない未来を想像するというのは、しばしば不安を招きます。悲観的な、確実に「見える」未来をも、認知してしまうからです。

現在、私たちが最も不安を抱いている「見える」未来は、少子高齢化社会でしょう。

戦後の日本は、経済成長による所得水準の向上や、国民保険・年金制度など社会保障の充実により、人口が右肩上がりで増え続けました。医療の進歩もあり、生活環境は豊かになりました。1960年頃までは多産少死傾向でしたが、やがて少産少死へ人口転換が進み、1975年前後まで合計特殊出生率は、2・1で推移してきました。当時は問題なく、人口置換水準を満たしています。

しかし1970年代の第2次ベビーブーム以降、オイルショックなど社会情勢の変化により、合計特殊出生率は1975年に2・0を割りこみました。以降、大きな人口増大の機会は訪れず、1980年代からは晩婚化・未婚化も加わり、日本は人口減少のターンに入っていきました。

1989年にはとうとう出生率が1・57という、史上初の低水準を記録しました。「1・57ショック」と名づけられ、1994年には総合的な少子化対策「エンゼルプラン」が、2003年には「少子化対策基本法」が制定されました。政府が本格的に人口減少による少子高齢化対策に乗り出した形にはなりますが、1970年代から整備されている高齢者向けの社会保障制度に比べて、大きな後れを取っています。

内閣府が発表した少子化社会に関する意識調査によると、「あなたの国は子どもを産み育てやすい国だと思いますか?」の質問に対し、日本では4割以上の人たちが「そう思わない」と回答したそうです。じつに、悲しい現状です。


人口動態の統計を見てみましょう。

現在は全体的に、ひょうたんの形をしていますが、30年後には上の方の高齢ゾーンの層が分厚い、逆三角形になることが確定しています。その逆三角形が「見える未来」の現実です。超高齢化社会は、避けるべくもありません。

図表4-1　人口ピラミッド（2020年、2050年）

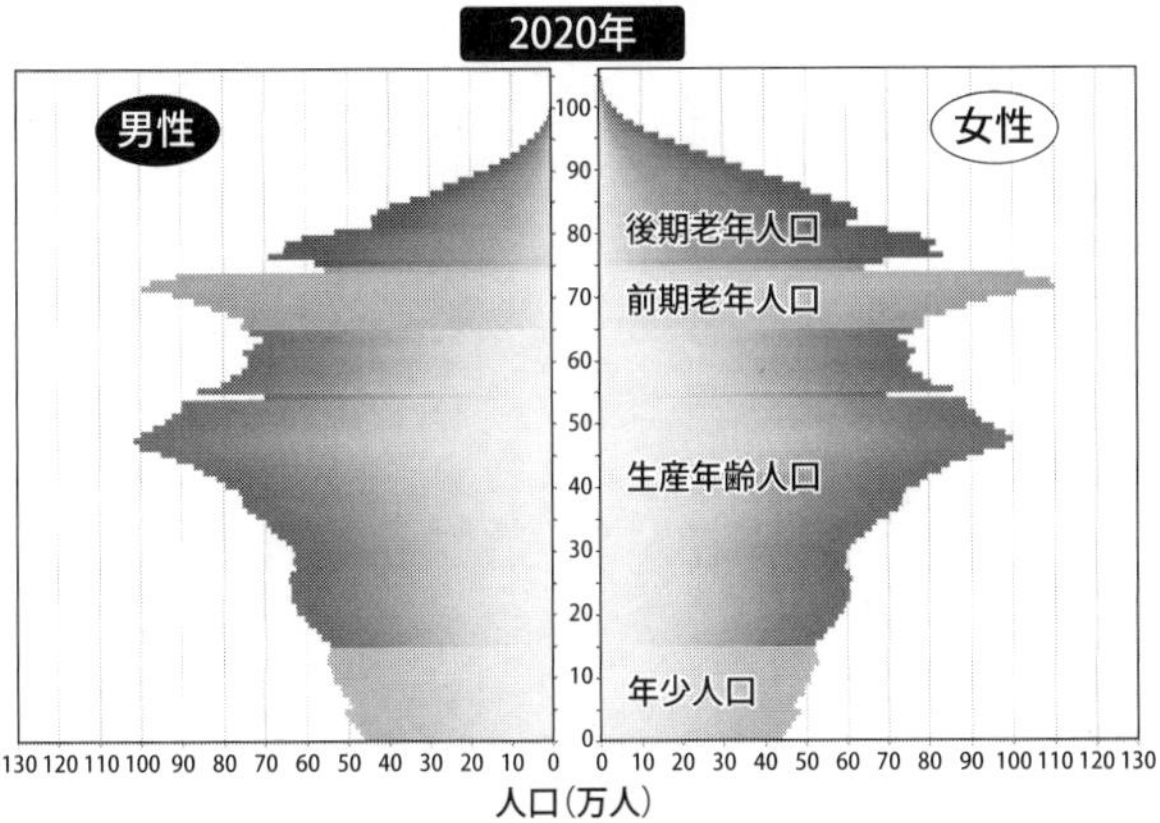

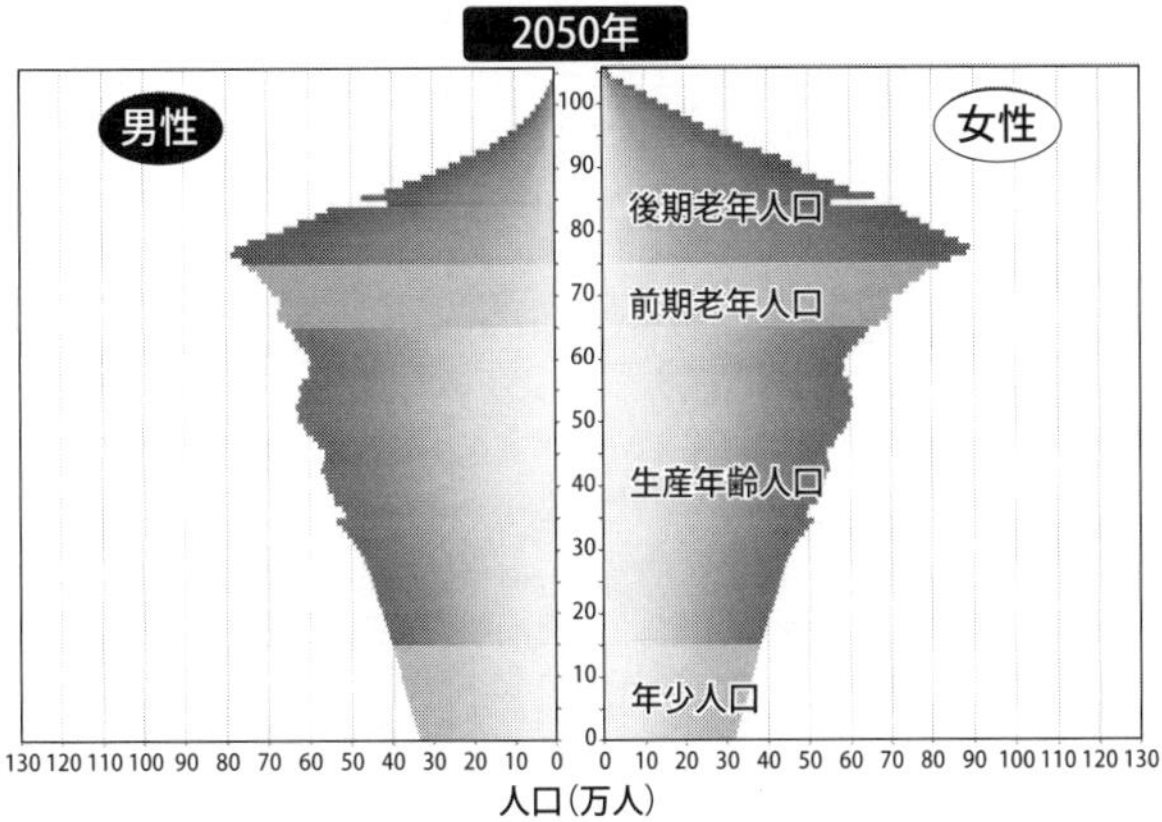

資料：1965～2015年：国勢調査、2020年以降：「日本の将来推計人口（平成29年推計）」（出生中位（死亡中位）推計）

出所：国立社会保障・人口問題研究所の〈人口ピラミッド〉より編集部作成

この「見える未来」とこれまでの成功体験の延長線上には、繁栄が描けないのは一目瞭然です。

ただ未来には、「見える未来」と、確実ではないけれども様々な可能性がある「見えない未来」もあります。その「見えない未来」の主役として私が期待しているのが、ミレニアル世代、つまり、これまでの成功体験の延長線上ではなく、新しい時代に相応しい価値観による新しい成功体験をつくってくれる20~30代、「ミレニアルズ」と呼ばれる若者たちです。

世界とつながるミレニアル世代

日本におけるミレニアル世代は、人口的にはマイノリティの群になります。ひょうたん型人口動態では、40代の団塊ジュニアから上の集団に、押さえつけられるような形で存在しています。

「最近の若者は元気がないよね」などと中年の社会人は嘆きますが、当然ではないでしょうか。多くの高齢者たちに社会進出の機会を奪われ、しかも未来の責任を、ずっしり背負わされています。元気を出せる方が不思議というものです。

「将来の希望も、やりたいこともない」

「夢なんて、描けない」

「厚い保障を得られているのは、おじさん連中だけ……」

そんな声も聞こえてきます。ですが一方、ミレニアルズからその下の若い世代には、とても大きな武器があります。

デジタル・ネイティブの感性です。

物心がついたとき、あるいは生まれた瞬間から、インターネットが常時接続された環境で生活していること。これは、歴史上どの世代も経験していなかった環境です。

ミレニアル世代以降の若者は、インターネットと常時つながっています。すなわち、国境のない世界に生きているのです。グローバルな情報も始終浴びるため、英語も韓国語も中国語も、ヨーロッパの言語も、イスラム圏の言葉も、日本語とほとんど同列に入ってくることにストレスがありません。国境があるのは厳然とした事実ですが、パスポートを使わずして、マインドは常に世界を行き来しているのです。

世界は、つながっている。若い世代は、当たり前にとらえています。従来の日本人の根底にあった島国の気質が、いい意味で薄いともいえます。日本語を母語に持つハードルはグローバルに活動するうえでは障壁にもなりますが、自動翻訳や自動通訳のテクノロジーの精度は年々上がり続けているので、近い将来ほとんど問題ではなくなるでしょう。そうなったとき、ネット社会で育った若者たちの頭のなかに、あるスイッチが入ると私は期待しています。それは、**「日本で暮らして仕事をしていても、自分は世界とつながっている」**という、世界市場を照準にした思考のスイッチです。

日本の「見える未来」とは、国境内の未来です。日本の「見えない未来」とは、世界とつながって共栄する未来を指しています。

もし、このようなスイッチが日本のミレニアル世代およびその下の世代であるZ世代に入れば、過去の成功体験の延長に縛られる必要はありません。新しい時代に適応する新しい価値観によって、新しい成功体験による「見えない未来」の主役になれると思います。

もちろん「見えない未来」なので、良い方向だけではなく、悪い方向へ転んでしまう不確実な可能性があります。ただ、マインドのスイッチが入らなければ、日本は「見える未来」しか残されません。「見えない未来」と「見える未来」、どちらの方が魅力的でしょう？　答えは、自分のマインドセットで選べます。

30年周期の経済バイオリズム

「見えない未来」へ向き合う際にも役立つ、素敵な名言があります。『トム・ソーヤーの冒険』の作者で知られる、アメリカの文豪マーク・トウェインが残しました。

〈History does not repeat itself, but it does rhyme.〉

「歴史は繰り返さない、だが、韻を踏む」という意味です。

トウェインは水先人から軍人を経て、新聞記者になりました。そして作家として成功を収めます。大富豪になりましたが、投資事業の失敗で窮地に陥り、ついには破産の憂き目に遭います。それでも『ハックルベリー・フィンの冒険』などベストセラーを著し、経済的に復活していきました。お金でたくさん揉まれた人物が残した言葉には、重みがあります。

すべてには〝リズム〟があるということ。トウェインの言葉は、歴史とは、過去の延長線上で未来へと進むのではなく、またランダムな間隔で繰り返されるのではなく、性質的に似たような事柄がつながり、自然界のバイオリズムに則って周期しているのだ――そのように解釈できます。

私はトウェインの意見に同意します。大きな意思のようなものが働いているのかはわかりませんが、日本の社会は**30年周期のバイオリズム**のなかで動いています。

このリズムを、感覚的に理解できるかどうかで、投資の成否は分かれます。

「いままさに、新しい周期が始まった！」ということを、私は本書でいいたいのです。

バブルが崩壊した１９９０年代からの周期はちょうど30年、今年２０２０年で終わろうとしています。そこから新たな30年の幕開けとなります。ちょうど今、新たな時代の節目を日本社会は迎えているのです。かつてのバブル景気のようなむやみな熱狂ではなく、これからの30年は、持続可能な成長が貴ばれることでしょう。なぜなら、時代の主役となるミレニアル世代が求めているのは、そのような成長だからです。

具体的に考えてみましょう。

株式市場などの相場は、一直線で下がり続けることも、上がり続けることもありません。

周期的に、上下を繰り返し、常に変動を続けています。「歴史は繰り返さない、だが、韻を踏む」ように、です。

生活のなかには、四季の季節の移ろいがあります。人間もバイオリズムで調律されています。理由はないけれど、何となく体調の優れないとき、反対にとても調子がいいときと、誰にとっても波はあります。リズムの律から外れているのは、無機物だけ。自然界はすべて、リズムでバランスが取られています。人の意思ではどうにもならない、リズムの周期によって、あらゆるものの営みは統制されているのです。

投資の変動のパターンも、その律の例外ではありません。上がっても下がっても、「そういうものだから」と、ある意味で諦めることが大事です。儲かる、儲からないといったストレスに惑わされることなく、コツコツと資産を形成する。このような長期投資の形態こそが、持続可能性のある成長といえます。

破壊と繁栄の繰り返し

さて、時代のリズム感を日本経済の近代史に当ててみましょう。

まず、私の生まれた1961年を起点にします。1960年代は高度経済成長期を迎え、日本は世界屈指の経済大国へ成長を遂げました。その勢いは1980年代後半に起きるバブル景気へと受け継がれ、1990年にピークを迎えました。

世界第2位の経済力を備え、それまでアメリカやヨーロッパの企業が占領していたグローバルのマーケットを、ジャパンマネーが席巻しました。「Japan as No.1」と称され、よくもわるくも世界に脅威を与えました。1960年からの30年は、まさに「**繁栄の30年**」でした。

それ以前の30年、つまり私の親世代が生まれた1930年からの30年は、どんな時代だったでしょう? 日本史の本を紐解けば、明らかですね。戦争に、蹂躙《じゅうりん》された時代でした。

戦争は、それまでの時代の常識を破壊しました。原爆投下を筆頭に、あまりにも多くの犠牲を払いました。日本のほとんどの土地が焼け野原となり、日本人は持っていたものをすべて、失ったのです。戦争に翻弄された時代は、まさに「**破壊の30年**」でした。

辛い経験でしたが、何もかも失われたからこそ、社会のリセットがありました。新しい価値観が芽吹き、昭和の時代に適した新しい常識を、いちからつくりだしていくこともできました。「破壊の30年」があったからこそ、続く「繁栄の30年」を迎えられたという見方もできます。

この1930年以降の「破壊の30年」から、さらに30年を遡ってみましょう。

1900年代に入ってすぐ、日露戦争が勃発しました。日本は完敗するだろうという西洋諸国の見立てに反して、日本は当時のロシア帝国を相手に善戦し、ついにはポーツマス条約での講和を勝ち取りました。日本の名は、世界に轟《とどろ》いたのです。後進国だった日本が、先進国に追いついた時代ともいえます。当時はそれまでの日本史上で、一般市民が最も豊かな生活を過ごしていた時代でもありました。1900年からの30年は、「繁栄の30年」だといえるでしょう。

さらに30年を遡ります。1870年は、明治維新の始まりの時代です。

黒船来航を契機に、幕府の体制が揺らぎ、明治新政府が樹立されました。江戸時代という、270年ぐらいにわたって存在した常識は、明治維新によって破壊されました。ある意味、力ずくで新しい常識がなだれこみ、近代日本社会が幕を開けたのです。この30年も、

「破壊の30年」だったと見て取れます。

やや乱暴で大雑把な考え方かもしれません。しかし、俯瞰《ふかん》して史実を分析すると、日本の近代史は明治維新以降、**30年の破壊と、30年の繁栄を、交互に繰り返していた**リズムサイクルが見えてきます。まるで誰かが指揮しているかのように、日本社会は30年のリズムで進んできたのです。

現在、私たちはどのようなリズムのなかにいるのでしょう。

バブル崩壊後、日本は長期の不況に陥っています。経済力では中国のみならずシンガポールなどにも抜かれ、アジアの新興国からも突き上げられています。１９９０年以降、日本は「失われた10年」に低迷したといわれました。「いやいや、失われた20年だよ」という意見も上がりました。

そして、２０２０年の現在。日本の将来は「暗い」という予測が少なくありません。ただ、もしリズムの法則が継続しているのであれば、１９９０年から日本は「失われた」のではなく、「破壊された」30年に入っていたということになります。そして周期は変わり目を迎えています。30年のリズム周期で考えれば、未来を落胆する必要はありません。むしろ2020年から、また「繁栄の30年」が始まる。そんな時代の節目に立っているのです。

意識の継承は60年

「破壊の30年」という表現には、ネカディブなイメージを感じられたかもしれません。しかし、人間に喩えるなら体力と機会を温存して、身体を休めていた時間です。休んでいる間に、やるべき準備を整え、古い常識の整理を進められます。充分な休眠を経たからこそ、夜明けを迎えたとき、次の繁栄へ、思う存分飛躍できるのです。

破壊と繁栄の30年周期のリズムは、ひとまとめのセットで60年と考えてください。私は60という数字に、深長な意味を感じています。

たとえば1時間は60分ですね。十二支も60年の周期で、ひと巡りします。干支で誕生年の最初に戻る、生まれ直しの年とも言われる還暦も、60歳です。

破壊と繁栄は、陰陽の関係であり、リズムの周期に則って入れ替わります。60という数字の周期で、いろんなものが一巡する、これらの現象には、自然の法則、シンクロニシティが深く関係していると思わざるを得ません。

長期投資家の立場で考えてみました。もしかしたら60年は、世代間の「意識の継承」を象徴しているのではないか？　と。親と子と孫、さらにはその子どもたち……血縁に連なる家族のつながりの、ひと区切りは、ちょうど60年なのだと思い至りました。

簡単にいえば、2世代とちょっと。自分と親と、祖父母ぐらいまでの年代を指します。

2世代とちょっとは、「意識の継承」を可能にする、ひとまとまりの時間の範囲です。どういうことか、詳しく説明していきましょう。

自分が人生で体験することは、実体験として、意識のなかに残ります。親の実体験も、子どもの頃から見たり聞いたりして、意識のなかに多少のスペースを占めて残るでしょう。祖父母の体験も同様に、親より少し小さいかもしれませんが、意識のなかにスペースを取って、残ります。

それらの「意識の継承」の時間軸の範囲は、おおむね60年だと考えます。

私の世代なら、親は戦争を体験しているので、「破壊の30年」の記憶が、私たちに継承されています。当事者から戦争体験の話を聞けるので、リアルに響いています。また私よりひと世代若い、団塊ジュニアの世代の人たちは、親が「繁栄の30年」の昭和時代の後期を経験しているので、成功体験の実感を体験していなくても、多少は記憶のなかに継承されています。このような「意識の継承」は、世代ごとにグラデーションを描いて重なり合い、破壊と繁栄のリズムの記憶として途切れずに続いています。

リズムは、人の寿命に密接に関係しているのではないか、と私は考えています。寿命が尽きたら、その時代で体験したことを直接伝えることができないので「意識の継承」が薄れていくのでしょう。

たとえば、私が父から聞いた戦争の体験を自分の子どもたち、ましてや未だ生まれてきていない孫たちへリアルに伝えることはできません。どれだけ強烈な体験であっても、4、5世代も前の祖父母の意識は薄らいでゆきます。私も渋沢栄一を先祖に持っていますが、栄一本人の意識をそのまま継承することは残念ながら不可能です。著書や文献が豊富なので、理解を深めることはできますが。60年とはそのような人間の寿命のスケールで、一つの時代が終わり、そして再び新しく始まります。人生100年時代になったので、これからは少しズレが生じるかもしれません。ですが、リズム自体は不変の法則として、近代社会の仕組みを支えていると思います。

2020年からは、まったく新しい「繁栄の30年」のターンに入る可能性があるというのは、先述の通りです。

そして新しい「繁栄の30年」は、これまでの変革や成功体験とは根底から相違すると思われます。テクノロジーの進化と、グローバリズムのさらなる普及。人口問題に環境問題。少子高齢化に、税制改革や天災リスク。生き方改革の推進に、若い世代の海外進出。また、新型コロナウイルスの世界規模パンデミックにより、人々の、企業の働き方が大きく変わるでしょう。そして、SDGsの提言による持続的社会の構築への舵切り……多くの事象は、これまでの周期のなかで起きた変革よりも大きな波となって、社会に押し寄せます。その密度は、歴史上の誰も経験していないものでしょう。あらゆる予測が無意味となるパラダイムシフトの繁栄を、これからの若い世代は迎えることになるのです。

不安に感じる必要はありません。前にも述べたように、成功体験に囚われた世代が、2020年から第一線より退き始めます。足かせになる伝統がこれからはいい意味で途絶え、新たな「意識の継承」が始まります。

公的年金は払い続けよう

とはいえ、2020年以降の30年については、繁栄を期待する以前に「いやいや、お先真っ暗」「老後の生活はとても不安」という声が多いのも事実でしょう。

たとえば老後の生活を支える年金の問題は、多くの人にとって、とても切実です。どのニュースを見ても「年金はいずれなくなる」「もらえる保険料は雀の涙か、もしくはゼロ」と、煽るような見通しを報じています。

断言しますが、国が管理している公的年金はなくなりません。そもそも、日本の公的年金は、支払った分が返ってくるという積立方式ではないのです。だから、「年金を返せ！」と叫んでも、返すものがもとからありません。

現在の日本の公的年金は、現役世代から徴収する保険料収入や税金（国庫負担）によってその年の給付額の9割程度が賄われています。ですから税金を支払っている日本人が絶滅するならともかく、理論的には破綻しない構造になっています。

とはいえ、盤石の制度かといえば、そうでもなくなってきたのは事実です。

国民年金が制度化されたのは1961年でした。当時の人口動態はピラミッド型で、お金を稼いでいる若い世代が、収入のない高齢世代より圧倒的に多い状態でした。また、当時の平均寿命は65歳でした。

60年経ち、少子化でピラミッド型はひょうたん型になり、社会の稼ぎ手が減少傾向にあります。人生100年の時代になりました。

2020年からは、**人口動態は逆ピラミッド型へ急激に変化**します。保険料水準は将来にわたって固定すると定められているので、現役世代から徴収できる保険料の総額は減ります。ということは、国民から徴収する税金が財源となる、国庫負担を増やす必要が生じます。財政がさらに圧迫され、また国民の負担が増える……と心配されるかもしれませんが、日本政府は無策だったわけではありません。

じつは、およそ60年間、現役世代の支払った保険料や国庫の分は年金者へ給付された分を上まわっています。その莫大な余剰金を、政府はプールしています。この余剰金を管理・運用しているのが、前述したGPIF（年金積立金管理運用独立行政法人）です。20

19年9月末時点で、運用資産額は約169兆円になっています。現在は、この積立金の1割ぐらいがその年の年金給付の財源として使われていますが、積立金を取り崩しながら、最終的に概ね100年後に年金給付の1年分程度の積立金が残るよう、積立金を活用していく計画が定められています。GPIFでは公的年金の支払いを低減させないよう、国内外の債券や株式など資産クラスに分散投資を実施しており、運用金の保全に努めています。

なぜ、公的年金は払い続けるべきなのか？

それは、**公的年金はMeではなくWeのために運用されるお金**だからです。現在ばかりか将来のMeという一世代限りの資産を守るのではなく、次の世代が豊かに過ごせるような資産づくりを公的年金は果たします。

「年金は、将来破綻しそうだから、1円も払わない！」

というのは、Meだけに目が奪われていて独善的すぎます。経済的に払えないのであれば、納付の猶予などの救済措置もあります。公的年金は公的年金できちんと払い続けてメリットを利用しながら、個人は個人でできる投資と組み合わせて資産形成していくのが、賢い選択だといえます。

「コモンズ30ファンド」の「30」とは

では、個人でできる投資とは何か。

それは良き「見えない未来」を実現させるために、定額をコツコツと積み立てる長期投資です。この「積み立て投資」は、指定した自分の銀行口座から毎月自動的に買い付けられる、とても便利な手法です。

「長期的な積み立て投資の対象となるファンドを、世のなかにつくりたい」

私がコモンズ投信株式会社を仲間たちと設立したのは、そんな願いからでした。私たちが運用する日本株の長期的な厳選投資ファンドに、「コモンズ30ファンド」があります。本書の読者の方には、ぜひとも詳しく紹介したいファンドです。

これは、**30年を一世代とした持続的な投資**です。30年、60年、90年……それより先の子どもたち、ひいては社会全体が安心して暮らしていける環境をこのファンドでつくっていきたい。そんな想いで立ち上げました。ユニバーサルオーナーであるＧＰＩＦが「くじら」だとすれば、コモンズ投信は「おたまじゃくし」に過ぎません。しかしながら、日本人一人ひとりが家族と共に「今日よりも、よい明日」を迎えるための長期的資産運用という意味では、「おたまじゃくし」も「くじら」も同じ未来に向かって泳いでいると自負しています。

長期的な積み立て投資を始めるのであれば、月5000円という少額でも大丈夫です。積み立て投資を始めるのに、大金を用立てする必要はありません。大事なのは、30年という未来を見越した、長期的投資。ひとりでも多くの人と共に長期投資を続けながら、持続的な社会の資源を築いていきたいのです。

30年とは一世代の象徴です。自分と自分の子ども、あるいは孫。そのように考えると30年はリアルな時間になります。長期投資とはいえども、決して長い年月ではありません。私たちが求めているのは、Ｍｅの資産を殖やすだけでなく、Ｗｅの視点を推し進めていくことによる、共通の社会を舞台にした資産運用です。資産運用することで、社会に参加する。投資ビジネスに携わる一人として、価値観を共有しながら学び合い、刺激し合い、お互いの価値をさらに高めていくような、Ｗｅの共創関係を築いていくための手段だと考えています。

コモンズ投信という「共有地」の起源

ＭｅからＷｅへのお金の使い方を推奨するコモンズ投信がどのように生まれたのか。せっかくの機会ですから、ここに書き留めたいと思います。

今から17年前、２００３年のことです。国内の小売業の大御所を囲む勉強会に参加し、そこで配られた業界変遷の資料に、ふと目が留まりました。

小売業界では昭和30年代から始まった「百貨店」「スーパー」の競争が激化し、バブル時代後期から平成時代に入ると「消費の飽和」によってパワーバランスが売り手から買い手へとシフトしていました。消費者ニーズが多様化し、「個性的・低価格・高付加価値」などといった「選択的消費」が求められる時代になっていたのです。

その結果、小売業界が細分化され、超高級ブランド、こだわり商品専門店、ディスカウントショップ、衣料量販店、コンビニなどへと様々なチャネルが生まれました。私が注目したのは、「こだわり商品専門店」、つまりブティック店の台頭でした。これだ！　日本の金融業界の未来像だ、というひらめきを感じました。

小売業界の「百貨店」「スーパー」を、金融業界の「銀行」「生保」など既存勢力に置き換え、また「消費者」を「投資家」として、考えてみました。

ビッグバンや規制緩和を経て、金融業界の競争は当時、既に激化していました。投資家のニーズは多様化し、「個性的・低価格・高付加価値」など「選択的投資」が求められるようになり、パワーバランスが売り手から買い手へとシフトしていました。小売業界の変遷とまったく同じ構図が見えてきます。

勉強会とほぼ同じぐらいのタイミングで、東京大学大学院経済学研究科教授（当時）の片平秀貴《ほたか》先生の「顧客の感動が生む新しい経済」というお話にも、感化されました。当時、経済同友会で所属していた需要創造委員会に、片平先生が講師として参加されたのです。

片平先生の話は次のようなものでした。

旧来の日本企業は〈企業人モデル〉で構成され、「力が力を創る、規模の勝負」で「社員の集団」とされていました。一方、これからの日本企業は〈ブランド人モデル〉で構成され、「顧客と一体化」した「先見力、活力、革新」が求められるというのです。そして、当時から〈消費者が変化している〉と、片平先生はご指摘されました。「価値に敏感になった」、「哲学を問うようになった」、「対話ができるようになった」、「おもてなしに敏感になった」などを、消費者の具体的な変化として挙げられました。

このお話でも、私はひらめきました。片平先生がご指摘されている〈企業人モデル〉を「大手金融機関」、〈ブランド人モデル〉を「独立系運用会社」、〈消費者が変化している〉を「個人投資家が変化している」と、入れ替えることができるのです。

一般個人の投資家は「消費者」になります。消費者が支えている小売業界で起こっていることは、必ず金融業界でも起こるはず。だから、

「金融業界は、ブティック化するはずだ！」

そう思い立ち、検討プロジェクトを立ち上げることにしました。

その数年前の2001年から、私は自分の子どもたちのために積み立て投資を始めていました。親としての私的な未来志向が、仕事へと結実し始めたのです。

これからの金融業界のあり方について同じような問題意識を持つ同志を募り、「運用プラットフォーム」の構想を練り始めました。金融商品を販売する親会社が「売れる」ファンドを提供する子会社という立場ではなく、独立志向で「良い」ファンドを運用するプロのファンド・マネージャーを支える構想です。組織の意向に縛られることなく、ファンド・マネージャー自身の実績や信用、ブランドを養成できるような運用プラットフォームです。

欧米人と日本人のDNAは違うと、よくいわれます。ですが、外資系金融機関に長年勤めていた経験上、違いは人ではなく、実績とインセンティブ（成果報酬）が一致するような土台の違いであると思います。要するに日本は、独立などへの金銭的・物理的・心理的障壁が多すぎるのです。ならば、〝プラットフォーム〟が解決策になるのではないか？そう考えました。

当時私は、「レオス株式会社」を設立されていた、カリスマ系ファンド・マネージャーの藤野英人《ひでと》さんと共に動いていました。ふたりで想定していた運用プラットフォームは、販売会社を介さない直接販売モデルです。そこで、直販の独立系投信会社の〝元祖〟である澤上篤人《さわかみあつと》さんにご相談しました。

澤上さんは自分自身だけではなく、独立系投信会社が他にも増えていくことを期待されていて、自社の直販・顧客管理システムを提供してもいいという話にも展開しました。澤上さんのように豪快な「お父さん」の存在がなければ、その数年後に複数の独立投信会社が相次いで立ち上がることはなかったことでしょう。

我々の運用プラットフォーム構想は、次のようなものでした。

「個人のエンパワーメントによって、多様な視点からリスクキャピタルにアプローチ」、「私的利益の追求と公共的価値の創造は一致する」、「志のベクトルが同じ方向に向くステークホルダーが不可欠」という、三つの基本構想です。「ベクター投信」という、会社の仮名も付けました。

ナンバーワンではなく、オンリーワンでありたい。プロダクト（商品＝投資信託）を通じて、世のありようを変えていきたい。最小の資本と人で、最大の付加価値をつくりたい。

顧客ニーズを追うのではなく、潜在ニーズを発掘したい。そして、夢中になって楽しむ！——以上のような投信会社の設立を思い描いていました。「ベクター投信」の構想の多くは、現在のコモンズ投信への想いとして引き継ぐことができたと感じています。

2003年の初夏には、構想を実践に進めるために金融庁との意見交換も行いました。金融庁からは、「運用プラットフォームの考え方は理解できる。外部の運用助言者を置く場合でも責任は投信会社に存するので、会社内部にそれなりの運用体制が必要」と釘を刺されました。一方、翌年4月から投信会社の兼業規定は大幅に緩和されるというアドバイスもいただきました。

我々は規制緩和の様子を見てから進めようと判断し、「ベクター投信」は一旦棚上げすることにしました。藤野さんの方は、2003年の秋ごろに「レオス・キャピタルワークス株式会社」と商号を変更し、私募投信や年金資産の運用事業を開始します。私自身は、様子見の状態が、しばらく続きました。投信会社を立ち上げる計画に再び火が付いたのは、2年後の2005年の末になります。

私は長年の友人と、東京・文京区の本郷通りの蕎麦屋で呑んでいました。一緒にいた相手は、2000年に「VMJapan（バーチャル・マーケッツ・ジャパン）」という金融プロフェッショナル向けの（今でいえば）SNSサイトを一緒に立ち上げていて、私に澤上さんなど個人向けの長期投資の世界を紹介してくれた人物です。ここでは、ミスターXとしておきましょう。

私は当時、模索していた別プロジェクト（マンガなど日本の感性を世界に展示できるオンライン・ミュージアム〝MOMANGA〟）について相談するつもりで声をかけたのですが、話の途中で彼はポツリと言いました。「で、僕は独立したいと考えているんだよね」と。

ミスターXは、長期投資家として確かな実績があり、思想的な示唆がいつも豊富な人物でした。「独立」という一語は、私にとってチャンスでした。

「じゃあ、一緒に投資信託会社をやろう！」

即決しました。ちなみに、〝MOMANGA〟はそのとき棚上げになったまま、未だに世に出てはおりません。

さて、一緒に信託会社をつくることは決めましたが、ミスターXと私だけのツー・トップでは計画が宙に浮いてしまう恐れがあり、地に足の着いた人にパートナーになってもらう必要がありました。ミスターXと話し合い、「そうだ、伊井さんにお願いしてみよう」と意見が一致しました。VMJapanにおいてハンドル・ネーム「tetsuro」さん、それが伊井哲朗さんでした。いつも積極的にサイトに参加してくれているメンバーでした。

2006年の年明けのこと。伊井さんに、私たちとの協業を打診したところ、彼は彼で業界の有り様にいろいろと問題意識を持ち、今後のキャリア・パスについてちょうど考えていたタイミングとのことでした。とはいえ、既に知人から証券会社を引き継ぐ仕事を検討している最中とのことで、即答はしてくれませんでした。

そのとき、ミスターXが言いました。

「同じ山を違う道で登っているだけだから、これからは同じ道で登ってみようではないか」

それは伊井さんの決意を促す、素晴らしい殺し文句になりました。

2006年の1年間、私たち三人は週一ペースで集まり、新しい長期投資のコンセプトづくり、独立系投信会社設立の検討を重ねました。

〈「30年」目線という世代を超える長期投資〉〈「30社」に厳選投資〉〈「対話」を通じて一般個人の投資の体感を促す〉という、現在の「コモンズ30ファンド」の特徴が定められたのも、この時期です。

新しい会社の社名については、さわかみ投信を連想して、『しぶさわ投信』でいいんじゃない?」とミスターXが提案しました。しかし、自分は澤上篤人さんのようなカリスマではないので、自分の姓を社名にするのは気が引けました。私のオフィスは東京の有楽町の新国際ビルにあったので「仲通りキャピタル」とか、小さい始まりでも大きな流れをつくりたいという意味合いで「大河キャピタル」という案もあったのですが、決定には至りませんでした。

「ひのきキャピタル」という案を、私は気に入っていました。大きな木に育つように、という願いからです(それが現在のコモンズ投信のオフィスの会議室が「ひのき」とネーミングされている由来であることは、今のほとんどの社員は知らないでしょう)。ですが、これも決め手には欠けたようでした。

話し合っているなか、三人の姓の頭文字を使う案が出てきました。頭文字に、Ｗａｋｕ－Ｗａｋｕの「Ｗ」を付けたら、「ＷＩＳＨ」になる、と気づきました。未来への希望や期待！　これにしよう！　三人が一致しました。「ＷＩＳＨ投信」の設立準備が一気に進みだしました。そして、いよいよ新しい独立系投信会社の登録について関東財務局に接触しよう、という段階になった２００７年の３月。この社名が使えなくなる重大なハプニングが起こります。

長期投資の独立系投信会社を立ち上げるきっかけをつくってくれたミスターＸが、事情により、「ごめん、独立できない」と告げてきたのです。私は、途方に暮れました。目標を失い、ＷＩＳＨ投信の構想が、フェードアウトし始めました。

そんなとき、私たちと一緒にファンド設立の構想づくりに入ってもらっていた、「バリュークリエイト」の佐藤明さんの提案がありました。

「自分がもっともリスペクトしている長期投資のファンド・マネージャーが定年退職している。今回の投資信託会社の構想を、手伝ってくれるかもしれない」

その方は、長年の実績を誇る大ベテランの吉野永之助さんでした。ファンド・マネージャーとして、世界的に優良な資産運用会社のキャピタルグループで働いていた方です。

私はすぐさま、吉野さんにお会いする約束を取りつけました。お会いする直前は、「吉野さんはご自分の長年の運用スタイルが確立しているはず。私たちのこだわり満載の構想に、はたしてご賛同いただけるかどうか……」と少々心配でした。しかし、吉野さんは私たちの話をしっかりと受け止めてくれ、「面白いね、お手伝いしましょう」と即断してくださいました。

吉野さんとの出会いがなければ、コモンズ投信は存在しませんでした。「コモンズ30ファンド」の初期のポートフォリオ構築は吉野さんにリーダーシップを取っていただき、そのときに組み入れた会社の半分ぐらいが投資先として今も継続しています。

吉野さんのおかげで、独立系投信会社設立へのエネルギーが充電されました。新たなメンバーも加わるようになり、独立系投信会社の設立は再び良いピッチで動き始めました。

その一方で、ミスターXが不在では「WISH投信」という社名は使えません。新しい社名を、考えなくてはいけませんでした。

どのような名前がいいか、悶々としながら東京駅前の書店に入りました。デザイン・アートのセクションにヒントがないかとブラブラしていました。

そのとき、ある本のタイトルが目に入ります。

『COMMMONS』。

坂本龍一さんなどミュージシャンの共同音楽プロジェクトの本で、「COMMONS」にミュージックの「M」が加えられた、三つのMが入った書名でした。

コモンズ――「これだ！」とひらめきました。

そもそも「Common（コモン）」は、私のビジネス人生のなかでしばしば出逢うキーワードでした。「Common Ground」は米国のNPOなどのソーシャルセクターではよく聞かれる表現で、目標に共感する人々が集まってくる「共有地」のことを指します。長期投資を通じて「今日よりもよい明日」を目指す人々が集まる共有地――私たちがつくろうとしていた投資信託のイメージと一致しています。

「普通の一般人（Common People）」が、「普通株式（＝Common Stock）」に長期投資するという当たり前のことを当たり前にやる「常識（＝Common Sense）」に、「共感（＝Common

Value)」して集まってくる「共有地（＝Common Ground」、「Ｃｏｍｍｏｎ」というキーワードが、新会社を支える多様な基本構想に、みるみる符合していきました。おまけに投資のアドバイザーは顧問であり、顧問は「コモン」です！

他のメンバーも「コモンズ投信」という社名に賛同してくれました。

２００７年11月に「シブサワ・アンド・カンパニー」内に「コモンズ株式会社」という準備会社を設置して、私が代表取締役として登記を済ませました。

リーマン・ショックで得た答え

コモンズが法人として設立されたのちも、投信会社として事業開始するにはまだまだ課題が残っていました。その宿題に取り組んでいるうちに、２００８年の年明けを迎えました。

「今年の始まりは様子がちょっと違うなぁ。どこか不穏だぞ……」

何が契機か、１月から世界の株式市場は暴落していました。不安が過りました。

２月には、コモンズ株式会社を投信会社として登録する正式な手続きに入るために、関東財務局との面談がありました。そして3月。コモンズ投信の増員のため、自分が2001年に設立したシブサワ・アンド・カンパニーのオフィスを丸の内仲通りから皇居の反対側の平河町へと移しました。投信会社として登録準備は着々と進み、8月には「登録申請」が関東財務局に受理されたという連絡が、携帯電話に入りました。登録が正式に完了するまで原則2カ月間はかかります。「コモンズ株式会社」を「コモンズ投信株式会社」に改名し、伊井さんが代表取締役社長に就任してくれました。オフィス環境を整えるために、9月の連休には内装工事も入ることになりました。登録が完了するまであと一歩です。

その連休に世界で衝撃が走ります。

米大手投資銀行のリーマン・ブラザーズが破綻し、リーマン・ショックという「100年に一度」の金融危機が始まるのです。年明けの不穏な動きは、この予兆でした。世界の市場が悲鳴を上げているなか、コモンズ投信の登録が延期になっても仕方がない。そう覚悟したことを憶えています。

しかし、それは杞憂《きゆう》でした。受理されてから概ね予定通り、10月中旬に登録が完了。多くの方々の応援を得ながら仲間たちと準備運動を続け、3年間ほどかけて温めた事業計画は、やっとスタートラインに立てたのです。

一方、シブサワ・アンド・カンパニーの本業であったオルタナティブ投資（ヘッジファンド、ベンチャーキャピタルファンド、バイアウトファンドなど）のアドバイザリー事業は衝撃を食らっていました。顧客である金融機関がリスクマネジメントの内部規定を理由に、ファンド（個別のヘッジファンドに投資するファンド）を解約してしまったのです。

2003年にファンドを立ち上げ、良いパフォーマンスを還元して良い関係を顧客と築くことができたと自負していただけに、少なからず落ちこみました。1年だけの運用成果で全解約とは……規定で仕方ないとはいえ、辛い結果でした。

当時の米国側のパートナーからかけられた言葉が、胸によみがえりました。

〈Everything happens for a reason.〉

すべてのことには意味がある。「逆境にも意味がある」ということです。はたして、自分は何のために逆境に直面しているだろうか？　自問を続けました。

一つの答えを、私なりに見出しました。

シブサワ・アンド・カンパニーの事業として展開していたオルタナティブ投資ではなく、これからはコモンズ投信を通じて**世代を超える長期投資**へ力を注ぐべきだというメッセージではないか、と。その解釈が、私には腑に落ちました。

2009年1月19日のブログに、次のように書きました。

〈今日は、小さな種を地面に埋めることができました。コモンズ30ファンドの設定です。この種を埋める準備のために3年間の時間が必要でした。この小粒な種に、多くの方々の応援とご支援、想いや期待が、たくさん、たくさん詰まっています〉

〈空気は冷たく、地面は硬い真冬です。しかし、今日、大勢の方々から暖かく見守っていただいて大地に埋めた小さな種から、いずれ芽が育ち、幹から枝が、枝から葉がたくさん茂り、大樹となって様々な生き物が宿る生態系になる日が楽しみです〉

〈明るい、豊かな30年後のために、今日から、一日一日を仲間たちとがんばります。これから、この「コモン・バリュー」に共感し、「コモン・グラウンド」に集まっていただく皆様と大勢出会えることをとても楽しみにしています〉

コモンズ投信がスタートしてから、12年が経ちました。その当時にブログに書いた気持ちは、いまも変わりません。「コモン・グラウンド」で集う方々との出会いを楽しみながら、今日も運営を続けています。

個人が継続できる長期投資とは

「長期投資って、どれぐらいの年月ですか?」

これは、コモンズ投信のセミナー活動などで、よく聞かれることです。投資家はお金を出すという「入口」をくぐるので、回収できる「出口」を最初に知って安心したい。当然の気持ちです。

5年なのか10年なのか——じつは長期投資の一般的な共通認識というものは、特にありません。だからこそ、我々コモンズ投信は、生まれた子どもが成人して子どもを持つようになる年月である、「30」という数字を重要視することにしました。要するに、「一世代」です。背景には、ＭｅからＷｅへの世代を超える投資として、「意識的にお金を循環させましょう」という意図があります。お金はお金を呼びます。スタートに当たる始めの一歩が、じつはいちばん難関です。いちどお金の流れが生まれれば、目標を達成した時点で新たな目標が自然に生まれてきます。それが投資の特徴なのです。

子どもの入学資金を例に取りましょう。長期投資が実って目標額を達成したとします。その時点では、毎月の積立金を別の用途に当てられる新たな生活様式も生まれていることでしょう。そう、**貯まるのはお金だけでなく、〝習慣〟も蓄えられている**のです。これほど有難い〝貯蓄〟はない！　と、私は考えます。

大切なのは、お金を循環させる意識と習慣です。「目標達成」で得た収益を、次の資源へ循環させていくマインドが、長期投資を成功させる鍵になります。

では、コモンズ投信に託すお金はどこへ循環していくのか？　について、具体的に説明しましょう。

「コモンズ30」の投資先は日本の「真のグローバル企業」を中心に、約30社に厳選しています。投資というと、たくさんの企業に投資した方がいいという意見もありますし、常に新しい会社に投資したい気持ちも働くでしょう。しかし、あえて30銘柄に厳選したのには、理由があります。

理由の一つは、世代を超えた投資に耐えられる対象が、じつはそんなに多くは存在しないこと。二つめは、お金の手ざわり感を大切にしたいのです。30社くらいでしたら、どのような企業に自分の大切なお金が投じられているかが実感しやすくなり、各社の特徴を、投資の専門家でなくてもきちんと把握できます。具体的には、コモンズ投信のサイトをご覧ください〈投資先企業（組入銘柄）〉https://www.commons30.jp/fund30/selection.php〉。

一方、投資先が300社もあると、見えてくるのは数字だけになってしまいがちです。複数の投資先は、リスク分散という大義名分はありますが、分散効果の9割は20社でも十分という学術的見解が示されています、私の経験上でも、同じです。むやみに投資先の企業数を増やしても、メリットは多くありません。

コモンズ投信では、ミキサーでたくさんの味をかきまぜたミックスジュースを投資家に飲んでいただくつもりはありません。具材が一目でわかり、それぞれの味や特徴をブイヤベースの味わいのように提供していきたい。そう思っています。

「コモンズ30ファンド」は投資信託という金融商品です。コモンズ投信から直接購入するのであれば販売手数料はゼロですが、預かり資産残高に応じて加算される信託報酬というコストがかかるということをしっかりと認識していただいたうえで、ご利用を検討していただきたいのです。また、投資対象は企業の株式になるので、市場リスクがあり、元本が保証されているものではありません。必ず金銭的な利益につながるともいえません。ですが、先ほど「コモンズ投信の起源」で紹介した「ベクター投信」で実現させたかった「商品を通じて世のなかを変えたい」という想いは、揺るぎません。目指すのは、一般個人であっても会社と対話できる環境を持ち、投資という接点によって持続的な企業価値を共に生みだしていくためのパートナーシップづくりです。社会に価値を生みだすプレイヤーが企業、その企業の活動を応援するファンクラブが投資家。このようなパートナーシップを、理想としています。

コモンズ投信は、ＥＳＧファンドではありません。また、ＳＤＧｓが採択される以前から、運用しているファンドです。ですから、ＥＳＧ投資を手がける会社とも、ＳＤＧｓ投資の会社であるとも、厳密にはいえません。ですが、私たちが目指しているのは、世代を超える長期投資です。目前の勝敗に目を奪われることなく、「一人ひとりの未来を信じる力を合わせて、次の時代を拓く」ことがコモンズ投信の存在意義となっています。その信念は、ESG、SDGsの思想と深いところでつながっています。たとえば、「コモンズ30ファンド」には、社会起業家を応援する「コモンズSEEDCap」という寄付プログラムが設けられています。投資信託収入のおよそ1%を寄付に当てる、「コモンズ30ファンド」の設定時から設けられているプログラムです。

社会起業家とは、「今日よりもよい明日」を共創することに努めている精鋭群です。彼らを寄付で応援することが、SDGsの描く、持続的な経済成長の一助となる投資であると考えます。手段は異なれど、目的はESGそしてSDGsの精神と同じです。個人でできる長期投資で、持続可能な経済社会を実現することに挑戦できるのです。

毎月5000円を今日から始める

あらためて、問います。長期投資において、必要な力とは、何でしょう?

そう、「未来を信じる力」です。

では、未来とは、いつでしょう？

「今日」から始まる、と思ってください。『いつか』を今日にする」と考えてください。

今日を信じて、投資を始めてください。

「投資は、お金に少し余裕ができるいつの日か始めよう……」

そう思っていると、不思議なもので「いつの日か」は永遠に訪れません。

じつは、早くスタートすればするほど、望んでいる余裕というものが得られます。

毎月5000円でも、いいのです。少額でも、問題ありません。むしろ少額に抑えた方が、気持ち的には余裕が持てます。ちょっと挑戦しなさすぎかな？　というぐらいの金額の方が、始めるときの不安は減らせるでしょう。積み立て投資は、銀行口座から毎月末に決められた定額が自動的に買い付けられる運用法ですから、ストレスになる額は禁物です。

ただし、一般的に投資には不安を感じる人が多いでしょう。「下がったらどうしよう」、「損したらどうしよう」と、多少なりともロスの不安はぬぐえません。そのようなときに有効なクスリは、「投資の世界に『絶対』はない」という言葉です。ゼッタイ儲かる、もなければ、ゼッタイ損する、もないのです。

しかし、ここからが重要です。積み立て投資を長期的に行えば、必ず増えるものがあります。それは「口数」です。価格が下がる局面では、口数がさらに増えます。このことは、何のミスリードでもなく、事実です。たとえば、バーゲンを想像してみてください。自分が気に入っている服が半値になったら、「運がいい、ラッキーだ！」と喜びます。でも、自分が購入していた投資信託が半値になったら、しかも一括ですべての金額をそこに投入していたら、ひどく落胆します。ですが、毎月、同額を積み立てる方法で継続的に購入しているのであれば、それはお得なバーゲンと同じだといえるのです。その投資信託を気に入ってこれからも買い続けるつもりなら、口数はより増えます。同額で〝安くなった商品〟をより多く所有することも、資産の確実性を高めてくれます。

一般的な感覚では、優良な投資信託とは、値上がりするものだけでしょう。

しかし、値上がりするかどうかに「絶対」や「必ず」はありません。

むしろ長期投資の観点からは、一方的に値上がりをし続けるということは過去に例がなく、上がったり下がったりを繰り返すのが通常の市場です。リーマン・ショックのような、不測の「〇〇ショック」もあるかもしれません（という原稿を書いた途端に、「新型コロナウイルス・ショック」が起こりました)。

要するに、ショックを恐れていても、意味がないのです。起きることは起きるという前提で、長期的な視野で継続的にお金を投じるのが、投資の基本姿勢になります。継続は力なり。これは投資において、最もふさわしい言葉であると、私は考えています。

長期投資に必要な不可視の価値

では、どのような会社が、持続的な価値創造に恵まれているのでしょうか。コモンズ投信では、五つの層から分析しています。

投資ですから当然、「収益力」という層は不可欠です。収益力は企業の財務的価値で読み取れます。財務的価値は主に、その企業の「これまで」の姿です。長期投資家にとって、「これまで」は参考になりますが、より重要なのは「これから」です。

企業のこれからの持続的な価値創造の判断には、**「競争力」「経営力」「対話力」「企業文化」**という層も重要です。

競争力や経営力の成果は、収益力につながります。そのため、数値として表れるので可視化されます。一方、その優れた技術や目利きなど競争力の根幹は、必ずしも数値化はできません。経営者のカリスマ性や人格も、数値化するのは困難です。競争力や経営力には、不可視の領域があることも知るべきでしょう。

対話力とは、顧客や投資家のような対外コミュニケーションだけではなく、経営トップと現場などとのインナーコミュニケーションも含みます。コミュニケーションの回数はKPI（重要業績評価指標）などで数値化できますが、その質の数値化もまた、不可能でしょう。

その会社の収益力、競争力、経営力、対話力という四つの層を支えている層は、**企業文化**であるといえます。企業文化そのものの正確な数値化も、無理です。

ただ、企業文化が対話力を促し、対話力があるからこそ経営力が発揮できて、経営力が発揮できるからこそ競争力があり、競争力があるから収益力へとつながる。このような連関性もうかがえます。

要するに、収益力のような財務的価値は、海面に見える氷山の一角です。一方、競争力、経営力、対話力、企業文化というレイヤー（層）は海面下に沈んでいて社外からではなか

図表4-2　コモンズ投信流・企業価値評価の五つの層

見える価値	収益力	営業利益率、ROEなどの財務的価値に優れ、長期的な成長または安定が見込まれる。配当などの資本政策が明確である。
見えない価値（＝非財務情報）	競争力	競争力の源泉を理解し、その強さを支えるビジネスモデルを磨き続けている。技術やサービスの開発、市場の開拓にも積極的に取り組んでいる。
	経営力	経営トップが長期的な企業価値向上に対する意識が高く、それを支える持続的な経営体制の高度化に取り組み、社外取締役、株主など外部の知見も経営に反映させている。
	対話力	顧客、社員、取引先、株主、社会などステークホルダーとの対話姿勢を重視しながら、それを通じて持続的な価値創造に取り組んでいる。
	企業文化	明確に定義された企業理念・価値観を組織内に共有し浸透させることで、具体的な行動に結びつけている。企業文化が、組織横断的な横串となり組織力を高めている。

出所：筆者作成

Point!

企業の長期持続的成長力を評価するには「見えない価値」が重要!

なか見えることができない「見えない価値」となります。「これまで」ではなく、「これから」の企業の持続的な価値創造に不可欠な存在であるのも、この不可視の層です。「見えない価値」を一言で表現すると、「人」です。会社の人材が、価値の総体になります。

日本中、どの企業も「わが社の最大の財産は人です」と謳っていますが、実質が伴っていないのが事実です。なぜなら、財産とは資産です。しかし、大企業でも中小企業でも、企業のバランスシート（貸借対照表）の左側（＝資産の部）には、「人」の面影がありません。見えてくるのは、損益報告書の数字上のものになってしまう。人材は、人件費として、計上されます。つまり、リストラなどで人件費を削り取ることによって、利益は上がり、企業価値が高まります。財務諸表だけ見ていると、そのような血の通わない構造しか見えてこないのです。人を辞めさせれば、収益が上がる——短期的にそうなのかもしれませんが、長期的に見れば、自殺行為に等しいのです。誰もいなくなった会社に、収益力があるはずもないでしょう。

投資家にとって、財務価値のチェックは不可欠です。それは〝か〟の力という分析の作業となります。数字を厳しく精査する一方で、〝ど〟の力を用いて、見えない価値を可視化させながら判断をすることが、長期投資には求められます。

楽しくなければ投資じゃない！

論語には、「**これを知る者はこれを好む者に如かず、これを好む者はこれを楽しむ者に如かず**」という教えがあります。長期投資家に参考になるので、是非とも覚えていただきたい教えです。

渋沢栄一は、孔子の教えを次のように解釈しています。

すべての物事は「知る」ことが大前提。知らないで行動することは無謀だから、それはやめなさい。しかし、知っているだけで行動に移さないのは、意味がありません。

でも、「好き」であれば、自分が好きなところに意識が働きます。行動に移す要素になりますので、「好き」な方が、じつは「知る」ことより大切です。ポジティブなアクションにつながり、思いもよらない新しい出会いの機会も生まれるからです。

ですが、単に「好き」という気持ちだけでは、壁にぶつかったときに挫折してしまうかもしれません。でも「楽しい」と思えればどうでしょう？　なにかしら壁にぶつかってもそれを障害とは思わず、次へのステップだと思えます。

要するに、**「楽しい」ことは「知る」や「好き」より大事である**ということです。

自分の「楽しい」という心のスイッチはどこでしょうか。それを探して自分でそのスイッチを入れることを、是非とも人生において心がけてください。「楽しい」は、人が何かの積み重ねを継続するのに、不可欠なエネルギーです。

長期投資には、いろんな側面からの「楽しい」があります。

私たちコモンズ投信は、厳選した先への長期投資に取り組んでいます。すべての株式に投資するインデックス投資では、価格の上下に一喜一憂してしまいがちです。上がると「うれしい」、下がると「悲しい」という単なる上下運動とは異なります。企業がどういう取り組みで事業をしているか、どのように価値を高めようとしているか、経営者や従業員はどんな思いで日々仕事をしているのかといった多角的な疑問を、様々なコミュニケーションによる対話によってプロではない一般個人でも理解できるように努めています。これはとても「楽しい」プロセスです。

コモンズ投信の長期投資でのもう一つの「楽しい」は、同じような価値観を持っている人が集まることです。

「未来を信じる力」を持っている人たちとご縁を得るのは、とても「楽しい」ですし、自分たちの力が、どのように役立っていくのか、学びの機会も深まります。投資先からの学びだけではなくて、横からの学びを得る感覚ですね。

積立投資を始めたきっかけや、それぞれの人生経験を持ち合い、投資家同士が交流していく。同じ目線を持って考えていける仲間を増やしているのは、間違いなく「楽しい」ことでしょう。楽しければ継続は苦になりません。あらためて言います。長期投資こそ継続は力なり。そして楽しくなければ、投資じゃありません。

第5章　インパクト投資～新しいお金の流れにスイッチオン

誰一人取り残さない世のなかのための投資

究極に楽しい投資とは何か？

それはＳＤＧｓが示す、「誰一人取り残さない」世のなかを目指すという壮大なＷｅの投資ではないでしょうか。ＳＤＧｓを達成できる投資は、かなりのインパクトがありますね。

２０１９年の春、私は外務省の「ＳＤＧｓの達成のための新たな資金を考える有識者座談会」の座長に任命されました。国連貿易開発会議（ＵＮＣＴＡＤ）の推計では、新興国で必要とされるＳＤＧｓ関連に必要な投資額は年間３・３兆～４・５兆ドルです。それに対し、政府予算、開発援助機関、民間助成財団など従来の資金提供者が投入している総額は１・４兆ドルです。

したがって、必要な金額の中央値になる３・９兆ドルから投資総額を差し引くと、**年間２・５兆ドル（２６０兆円以上）のＳＤＧｓを達成するための資金が不足している**ことになります。

要するに、従来の資金提供者だけでは足りないことが明らかで、革新的資金調達(Innovative Financing Mechanisms)が求められています。簡単にいえば、「いかに、民間投資資金を動員させるか」ということです。

有識者座談会は、2020年の春に報告書をまとめました。そこでは、感染症対策の財源を確保する新たな入出国税の設置、環境に配慮するグリーンボンドの投資家の税優遇や発行体のリスク・アセット規制の緩和など、様々な可能性について討議したことを明示しました。ただ、政治的に最も受け入れが良かったと感じた提言が、「インパクト投資」の促進です。

インパクト投資とは、測定可能なポジティブ社会的インパクト「と」経済的リターンの両立を目指す投資です。まさに、渋沢栄一の『論語と算盤』の現代意義が示されている行為です。

後述しますが、測定可能なインパクトがある、ということが大事なポイントです。

実際に、社会的課題のために有意義な投資ならば、経済的リターンは投資家の期待収益より低いという先入観が少なくありません。また、経済的リターンを目指したら、本当に資金が必要とされているところまで行き届かないという懸念もあります。経済的リターンを求める「おまけ」や「お化粧」として、「社会貢献している投資である」ということに満足している場合もあります。つまり、「インパクト投資」の定義は多種多様な状況です。

その中で、私が腑に落ちるインパクト投資の定義とは、次の通りです。

「ポジティブな社会的インパクトを意図とし、そのインパクトの持続可能性を支えるために経済的リターンを求める」

現実として、インパクト投資は運用業界のニッチ分野から主流へと台頭しています。要するに、SDGsを達成するための新たな資金の主役として、インパクト投資への期待が高まっているのです。**インパクト投資とは、SDGs投資の王道**です。

世界の運用資金の1割でSDGs達成へ

2013年、当時のG8サミット議長国であった英国のキャメロン首相の発意により、先進国の政策アジェンダとして「インパクト投資の促進」が示されることになりました。

日本では、2014年の7月に「G8インパクト投資に関するタスクフォース日本国内諮問委員会」が創設され、私は委員に就任しました。

ビジネス、金融、ソーシャルセクターなど、分野を超えた経済界のリーダーが集まり、日本でのインパクト投資の発展に必要な施策をまとめて本部会議に報告書を提出しました。

現在はGSG（Global Social Impact Investment Steering Group）として、G8以外の各国にメンバーを拡大し、23カ国が加盟しています。投資において、「リスク・リターン・インパクト」の三軸が機能している社会の実現を目指し、現場から行政まで幅広く提言を行っています。

GSGの活動により、国内外のインパクト投資の市場は成長を続けています。またESG投資の浸透により、「儲ける」ことに加え、持続的社会づくりに寄与するフェーズに投資家のマインドが移ったことで、インパクト投資に関連する金融商品が増える傾向にあります。

金融の力を地球、および人類の持続的な繁栄に活かすこと。すなわちSDGs達成の重要性が、投資家から一般社会に広まりつつある――それが、2020年現在の実態です。

とはいえ、求められるお金は、まだまだ足りません。市場は膨らむ一方ですが、先述の通り、ＳＤＧｓ達成には年間２・５兆ドル（２６０兆円以上）が不足しているのです。莫大な金額です。

ただし、ボストン コンサルティング社の「Global Asset Management 2019」という報告書によると、２０１８年末の世界の民間資産運用会社に託されている資産残高は74・３兆ドルでした。この総額は、２０２０年現在では株式市場の調整により減少していると思いますが、仮に**１割程度がＳＤＧｓ投資に資産配分されたら６兆〜７兆ドルぐらい算出できる**という単純計算になります。つまり、世界でＳＤＧｓ投資の機運がますます高まれば、手が届かない額ではないのです。

ここまで、かなり大きな金額の話をしました。では、兆円単位ではなく、万円、十万円、百万円という単位でしかＳＤＧｓ投資に出資することができない一般の個人は、インパクト投資に参加できるのか？　答えはイエスです。

個人が参加できるＳＤＧｓ投資

一般の個人がインパクト投資を行う手段として、日本社会に広まっているソーシャルレンディングが挙げられます。ソーシャルレンディングとは、**投資したい個人投資家と、小口資金を集めたい企業をインターネット上でマッチングさせるサービス**を総称します。

簡単にいうと、クラウドファンディングの一種です。小口融資を行い、利回りを得られることが目的ですので、「融資型クラウドファンディング」とも呼ばれています。

国内では「クラウドクレジット」、「Nextshift Fund」、「クラウドバンク」、「SBIソーシャルレンディング」、「OwnersBook」などがあります。

たとえば、クラウドクレジットが提案している「社会的インパクト重視型パッケージ」では、メキシコ女性起業家支援ファンド、アフリカ未電化地域支援ファンドなど複数のファンドが一つのパッケージとなっており、運用期間がおよそ2年で表面利回り（年率／税引前）が7・7％、一口10万円から出資できます。

銀行口座にお金を0％金利で寝かせているより良いですね。もちろん、銀行と違って元本が保証されているものではなく、運用手数料もかかります。これら留意点をしっかりと理解した上で、検討すべきです。

ただし社会問題の解決を目的とした事業を始めたい企業からすると、ソーシャルレンディングは、魅力的な資金調達の場になります。一方、投資を行う個人の側としても、そうした企業に投資する行為自体が、結果的にインパクト投資になるといえるかもしれません。

厳密にいえば、社会問題の解決を目的とすることだけでは、インパクト投資にはなりません。結果が必要です。つまり、融資によって実現した事業が、**どれくらい社会的インパクトがあったか**測定できていることが、インパクト投資の証になります。

したがって、「なんちゃって」インパクト投資の出現も、これから増えるでしょう。「社会問題を解決する！」というスローガンを発することは難しいことではありません。ただ、その問題を解決したインパクトを測定する事業リソース（＝コスト）を用いるほどのコミットメントあるいは熱意が投資先企業およびファンド側にあるのかが、インパクト投資の重要なポイントになります。

インパクト投資の成果として、「○名の雇用を創出した」とか、「△名が金融や医療システムにアクセスすることができた」などは基本中の基本であり、様々な測定の指標が数多く存在します。これは大事なテーマなので、あらためて後述します。

特に個人向けには、かつてのSRI（社会的責任投資）ファンドのように、「インパクト投資」という看板を掲げるだけのファンドもあるかもしれませんので、要注意です。たとえば、SDGsのゴールである「すべての人に健康と福祉を」「ジェンダー平等を実現しよう」「エネルギーをみんなに そしてクリーンに」などを掲げる「テーマ型」ファンドについては、より詳しく吟味した方がいいでしょう。

実際に、インパクト測定を条件にしているか、否か――繰り返しますが、これがリアルとフェイクのインパクトファンドの大事な区別です。もちろん、投資家自身が「自分は〝テーマ型〟ファンドに投資しているんだ」と認知していてそれで満足であれば、別に構いません。そうではなく、その個人が「インパクトファンド」に投資していると思い込んでいるのであれば、問題です。「売れれば良し」では、SDGsの意図に反します。

金融商品を扱う業者と一般個人には、情報の格差があります。まさにその格差是正がファイナンシャル・インクルージョンという社会的課題の解決になります。

また、日本の最大の社会的課題とは、自国も含めた世界の社会的課題を解決するために必要な資金を、日本人が現預金として活用せずに抱えている、ということでありましょう。

一般個人が投資できるリアルなインパクトファンドのラインアップは、日本国内ではまだまだ限定的かもしれません。しかし、ラインアップが増える分野であることは確実です。また、既存インパクトファンドの個人向けでも、インパクト測定への意識は今後ますます高まることでしょう。一般個人からの投資は、ＳＤＧｓを達成するための新たな資金の可能性であることは間違いありません。

頭の体操、ソーシャル・インパクト・ボンド

さて、ここでインパクト投資の一派である「ソーシャル・インパクト・ボンド（ＳＩＢ）」についてご紹介します。正直に申しますと、債券市場の業務に長年携わっていた経験を持つ私がこの仕組みの説明を受けたときの最初の印象は、「はてな？」でした。「ボンド」を「債券」と訳しており、発行体（債務者）と投資家（債権者）の二者間の関係だという先入観があったからです。そうではなく、多数の関係者が当事者として参加するＳＩＢの「ボンド」を「成果に対する約束」という意味で理解すれば、仕組みの構図が見えてきます。

ＳＩＢの基本的な考え方は、投資資金の還元（元本および収益）を、社会的課題の解決の成果に連動させる「ＰＦＳ（pay for success）」です。様々なバリエーションがありますが、英国を起源とするＳＩＢで有名なケースは、元囚人が再犯者として刑務所に逆戻りするという社会的課題にかかる行政コストを削減させるＰＦＳです。解決策としては、ＮＰＯが手掛ける元囚人の社会復帰プログラムが相当します。元囚人が無事に社会共生できたら、刑務所の行政コスト（国民の税負担）が下がるという、インパクトの測定ができるのです。

ＳＩＢでは、ＮＰＯの当初の活動資金の調達先は、インパクト投資家になります。投資家にどのように資金が還元されるかというと、ＮＰＯの活動に成果があると第三者評価機関が判断した場合、財団などＰＦＳの資金提供者が投資家へ還元する財源をＮＰＯへ提供する、という契約になっています。つまり、社会活動成果を求めるインパクト投資家および財団が、ＮＰＯへの業務ガバナンスを利かせ、結果的に行政コストが削減させられるという考え方です。これには少々疑問もあります。そもそもなぜ、資金提供者である財団が直接にＮＰＯに活動資金を提供しないのかということ、またはインパクト投資家は、ＮＰ

Oの成果が確認されなければ資金が還元されないわけですが、それでもいいのかという点です。とはいえ、様々なプレイヤーが同じ社会的課題を解決するために「ボンド」で合致している、ということには意義があるでしょう。かなりの頭の体操になりますが。

ただ、このSIBの原型を日本国内に持ち込んだ場合は、問題が生じると思います。そもそも行政コストが下がること、つまり、役所にとってコスト予算が余ることが本当のインセンティブになるのか、という疑問です。なぜなら予算が余れば、次年度の予算が削減されてしまう恐れがあります。だからかもしれません。日本国内のSIBはほとんどの場合、資金提供者は財団などの第三者ではなく、行政自身になっています。そのため、SIBの要であるPFSは、日本語では「成果連動型民間委託契約方式」と訳されています。ですから、「より良いサービスの提供に対し、より高い支払いが行われることで、民間の創意工夫の発揮や、成果の見込める新たなサービスの試行」という説明はされますが、「税を財源とする行政コストの削減効果」などという文言は見当たりません。

いかがでしょう。私は個人的にはシンプルなストラクチャーや仕組みを好む傾向があるので、SIBへの投資にはあまり魅力を感じません。ただし、**官民連携で社会的意義を解**

決することは、意義ある構図だと思います。PFSにおける今後の発展に期待したいです。

測定できなきゃインパクトではない！

90年代後半、私は「ムーア・キャピタル・マネジメント」という大手ヘッジファンドに勤めていました。創業者は天才的な投資家であるルイス・ムーア・ベーコンであり、ルイスのミドルネームが社名になっていました。

またルイスの友人で、同様に天才的なファンド・マネージャーであるポール・チューダー・ジョーンズが設立した「チューダー・インベストメント・コーポレーション」という有名なヘッジファンドがあります。毎年クリスマスの季節になると、ヘッジファンド業界の関係者らは、ポールが設立したロビンフッド財団が開催するチャリティ・ディナーに参加していました。ロビンフッドは、金持ちから金を奪い、貧しい人々に与える伝説的な英雄です。ポールのような大富豪が、設立した助成財団を〝ロビンフッド〟と命名するセンスが気に入り注目していました。この財団は、富豪からの寄付金を財源として、貧しいコミュニティの子どもたちに教育の機会を与えていました。ただ、財団の活動財源は、常に経済的リターンを厳しく競うヘッジファンド・マネージャーの懐です。「良い行いをしている」だけでは満足せず、「どのように」良い行いをしているか証明せよ、つまり、「社会的リターン」を示せという特徴があり、とても面白い概念であると興味が湧いたのです。

数年後、私は独立していました。日本でも「社会的リターン」について考える勉強会が立ち上がり、参加しました。様々な議論を交わした結果、当時の私の結論は「無理」でした。

「どうやって、〝子どもの笑顔〟という大切な社会的リターンを測定できるかわからない」

率直に思いました。また、そもそも貧弱な運営体制であるNPOが社会的リターンの測定を求められ、その結果、本来取り組むべき活動が疎かになってしまえば本末転倒です。社会的課題の解決へ「良いことをやっている」ことに満足して寄付する性善説で十分だ――これが、15年程前の私の考えでした。

現在、私の考えは変わっています。

性善説を否定しているわけでなく、また顔認識テクノロジーが進歩しているといっても、子どもの笑顔の数値化に意味があるのかは未だに疑問です。しかし、大事なことは、意識の可視化です。正しい答え、正しい数値を得られないとしても、社会的インパクトの測定に試行錯誤を繰り返し、より正確な数値を算出する努力には意味がある。そのような考え方を尊重します。

なぜ、社会的インパクトの測定が大事なのでしょう？　それは、その方が**社会的課題解決のために大きな金額の流れが動き出す可能性がある**からです。

「良いことをしている」という性善説は、個人レベルでは通用します。相手を信頼して託すということは、非常に大事な感性だと思います。ただ、組織の場合は、そう簡単ではありません。なぜなら、組織の場合は他者への説明責任が生じるからです。それは自分が所属している部署や上司かもしれません。あるいは会社組織の場合は株主かもしれません。そして残念ながらその説明責任とは、自分の決断に責任を持つという意味合いではなく、数字や実績などに物をいわせるという意味での責任です。これが現在の状況であれば、その現実に挑むより沿った方が、社会的課題のための資金創出につながります。

このように、インパクト測定とは、ＳＤＧｓ達成のために新たな資金を動員させる重要なツールであると考えています。同時に測定はあくまでも手段であり、測定自体が目的になってはならないとも思います。


時折、こんな発言を耳にすることがあります。

「SDGsなんて、我々日本が昔からやっていた『三方良し』さ」

今さらSDGsなんて日本には要らないよ。そんな意見です。

しかし、測定という観点から再考すると、新たな面が見えてきます。

売り手の「良し」は、測定しやすい面です。売上が数字として立ちますから、数えやすい「良し」です。買い手の「良し」も、ある程度の測定が可能です。たとえばその商品を利用したことでの満足度や時間削減など、ある程度の数値化が可能です。

ただし、世間の「良し」は、どのように測定できるのでしょうか。そもそも「世間」とは誰を示しているかも定かではありません。「三方良し」という昔からの概念を否定するつもりはありませんが、『三方良し』があるからSDGsは不要」という考え方は強引です。もしもそうだというのなら、「三方良し」の〝インパクト〟を測定すべきでしょう。

では、インパクトはどのように測定されるのでしょうか。

たとえば、米国の民間インパクト評価の団体に、GIIN（Global Impact Investing Network）という組織があります。インパクト評価を提示する団体は世界に他にも数多くありますが、GIINの特徴は、インパクトの測定や管理のあり方を特に投資家に向けて提示していることです。

GIINが提示するのは、「IRIS+」という測定指標のメニューです。これは、**投資家と投資先の企業間の共通言語のようなもの**です。たとえば、「IRIS+」で「農業」という分野を検索すると、「作物収量」「農薬使用量」「水量」「排水量」など様々な測定指数のメニューが表示されます。インパクト投資の一例として、「作物収量」を増やすと同時に、「農薬使用量」「水量」「排水量」を減らすことを目指した場合、インパクト測定が適切な共通言語になってくれます。数値化で可視化されることによって、そのようなインパクトの向上についても対話が生まれます。IFRS（国際会計基準）やGAAP（米国会計基準）がグローバル企業の財務的成果の評価の共通言語であるのと同じようなイメージです。

企業が「儲かっていますよ」と説明するだけでは不十分で、どれほど、どのように儲かっているかを示す「基準」です。基準があるからこそ、透明性が担保され、他の比較が可能になります。ＳＤＧｓを達成する投資としてアピールするのであれば、透明性や比較は不可欠です。要するに、測定できなければ、インパクト投資とはいえないのです。

ＳＤＧｓの世界フレーム誕生

２０２０年2月中旬、私はニューヨークへ出張しました。振り返れば、中国から発生した新型コロナウイルスの感染により大型客船「ダイヤモンド・プリンセス」号の長期検疫体制が始まり、欧米に感染が広まる前夜でした。ＵＮＤＰ（国連開発計画）が設けた「SDG Impact Steering Group」という運営委員会に出席するためです。「SDG Impact」とは、ＵＮＤＰが主導しているＳＤＧｓの基準づくりおよび認証のプロジェクトです。

１９６５年に設立されたＵＮＤＰは、世界の貧困の根絶や不平等の是正、持続可能な開発を促進する開発支援機関です。「国家にとっての真の宝は人々である」という信念に基づき、約170の国や地域で人々の能力を育てる活動を行っています。UNDPは国連の中核的な開発機関として、SDGsの策定に大きな役割を果たし、世界におけるSDGs普及をリードする役割を担っています。

私が就任した運営委員会は12名で、アヒム・シュタイナーUNDP総裁以下、欧米諸国のみならず、南米、アフリカ、そして、アジアから代表が集まり、多様性のある人員構成でした。一日中の会議で行ったことは、前述したインパクト測定の実践に関することでした。SDGsの17の目標、169のターゲットは包括的で要素があまりにも多いため、何に取り組めばSDGs達成となるのか？　には判断が難しい側面があります。そのため、簡易な基準や認証をつくろう、というのが課題の一つです。「基準」があれば、民間セクターから新たな投資資金も登用されるでしょうし、「認証」があれば、インパクト測定の代替にもなり、SDGs投資として世界に主張できます。こうした基準や認証の存在によって、非公開企業へのプライベートエクティティ投資、債券の発行、または大中小を問わず企業の取り組みにおいて、SDGs投資への関心は広がるでしょう。インパクト測定および管理方法の一貫性、比較可能性、そして透明性が高まるからです。これが、「SDG Impact」プロジェクトの狙いです。

基本方針は、次の通りです。「プライベートエクティ」「債券」と「企業」という三つの分野においてSDGsを達成する定義をつくり、4〜8の基準において「満たさない」「部分的に満たす」「満たす」と整理して認証する。2020年2月現在では、「プライベートエクティ」「債券」の基準づくりは最終形に近づいており、本年の夏までに「企業」の基準をつくる予定です。

現在、IFC（国際金融公社）、PRI（責任投資原則）、UNEP（国連環境計画）という国際機関からGIINという民間団体まで、世界では様々なプレイヤーたちがインパクトの行動原則を示していますが、「SDG Impact」によって共通言語ができれば、インパクトの測定、会計、格付けのフレームワークが各プレイヤーたちにもたらされることになります。

SDGsガラパゴス化を回避すべき日本

「SDG Impact」のようなグローバル・スタンダードに、日本はどのように対応すべきでしょうか。

日本企業は、日本の会計基準を満たしていれば、国内においてはもちろん何の問題もありません。ただしグローバル企業になると、ＩＦＲＳなどのグローバルな会計基準に適応することを求められています。なぜなら、グローバル企業の投資家もグローバルであるからです。同じように、インパクト測定基準も日本国内のものなのか、それともグローバル基準を目指すべきか。同じような構図が見えてきます。

これにはいろんな考え方があると思います。国内向けのＳＤＧｓ投資であり、投資家も国内であるから、インパクト測定はグローバル基準を用いる必要はない。そんな主張もあるでしょう。しかし、今回の「SDG Impact」の運営委員会で、私には気になったことがありました。

日本は現在、東京などの都市部や大企業だけではなく、地方でも、中小企業でも、官民でも、ＳＤＧｓへの認知度、関心、そして行動が高まっていることを肌で感じています。

それにもかかわらず、ＵＮＤＰというＳＤＧｓの一丁目一番地では日本の存在感が薄いということが、今回の運営委員会における気づきでした。残念なことです。ＳＤＧｓを通じて、日本が世界でもっとプレゼンスを高めることが急務である――そう痛感しました。

運営委員会では、こんなひとコマがありました。

ＳＤＧｓは西欧だけのイニシアティブではなく、アジアから学ぶこともあるのではないかというディスカッションに展開したところ、「ＳＤＧｓのリーダーシップは中国」というある委員の即答に、私は耳を疑いました。え、そう思われているんだ……。

そのような認識が国外では常識なのかもしれません。「いや、たしかに中国はそうだけれど、タイもかなりやっているね」という意見も出ました。

私は手を挙げました。「Please come to Japan.」と。日本を訪れて、いろんな投資家や企業や関係者とＳＤＧｓについて意見交換してください。そうお願いしました。

じつは、当委員会において、ＳＤＧｓ達成に尽力している功績の例として「日本」がアジアで真っ先に挙げられなかったことには理由がありました。日本政府の推薦により私が委員として任命されたのは２０１９年の夏。運営委員会の第１回委員会が６月に開催された後のことでした。私が参加できたのは２０２０年の２月。第２回委員会からです。

たったの一周回遅れです。ですがその約半年間に、ＵＮＤＰの「SDG Impact」事務局チームは、上海、香港、シンガポール、ソウルまで足を運んで様々な意見交換の場を設けていたことが判明しました。そして、そのプロセスを経て「プライベートエクティ」および「債券」の基準づくりを草案から最終形に進めていたのが、私が参加した2月のタイミングでした。

「企業」に関しては、作業が草案からあまり進んでいなかったようなので、「日本にも意見交換のために是非来てください」とお願いしたのです。ただ、新型コロナウイルスの感染が欧米にも広まった影響で、意見交換の場が設けられるかどうか、原稿を書いている現時点では不透明です。

日本の経営者の方々から、時々こんな嘆きを聞きます。

「我々が知らないところで、いろんなことがすでに決まっている」

そのようなたびに、私は思います。「それは、決断の場にいないからではないでしょうか」

大事な決議の場に参加できていないこと。これは、日本社会の課題です。組織の意思決定のために必要な「検討」や「調整」で生じたちょっとした遅さが、グローバル社会では結果的に大きな遅れになってしまいます。ＳＤＧｓを達成する２０３０年はずいぶん先に見えますが、時の流れは速いものです。「日本は、日本でよい」、「どうせ国内や地域だけの取り組みだから」、このような意見もありますが、意思決定のスピードアップがこれからの日本社会に求められるのは明らかです。

また、当運営委員会では、とある委員の次のような発言が印象に残りました。

「世界の投資家たちがこれからの企業に要求することは、ＥＳＧやＳＤＧｓに関する情報開示だけではない。社会インパクトの測定や向上も、要求される時代になる」

たしかに時代の潮流は、より具体化しています。日本社会でもＳＤＧｓの認識が高まっているだけに、「日本はガラパゴス化している場合ではない！」という意識が強まりました。日本はもっと、世界でプレゼンスを高めるべきではないか。ＳＤＧｓを達成するという最高な舞台で、日本も主役の一人として立つべきではないか。切にそのような想いがつのる、「SDG Impact」運営委員会の体験でした。

メイド・ウィズ・ジャパンへの転換

激動の時代のなかで、インパクト投資の拡大に向け、私たちが起こすべき変化とは何か？　担い手は誰か？　必要なアクションは何か？

私たちはこのような問いかけを、続けていかねばなりません。基準づくりや測定は、大事です。さらにそれよりも大事なのは、人材です。

お金を運用するのは、テクノロジーで統制されたシステムではありません。最終的にそれは、〝人〟に行き着きます。持続的な社会をつくりだすのは、持続的な社会を本当に望む、たしかな知見と視点を備えた人間そのものであるべきでしょう。

戦後の日本社会は、大変な富を築きました。それは金融資産のみではなく、人的資本、社会的資本を含む総体においてです。これらの富と豊かさをどのように活かしていくか。それらを社会の持続性と多様性の向上にどのようにつなげていくか。そして、一人ひとりが大切にされる社会を築くために、金融が果たせる役割とは何か——私は真剣に考えています。

昭和時代の日本は「メイド・イン・ジャパン」によって繁栄しました。大きな成功でしたが、アメリカなどから強いバッシングを受けました。そして平成時代の日本は、海外に現地生産拠点を置く「メイド・バイ・ジャパン」へと転身しました。しかし、次第に日本企業は守りのスタンスになり、意思決定のスピードは鈍化し、内向きな傾向に進んでしまいました。日本が〝パッシング〟された時代です。

令和時代へ突入した現在。令和の元号を迎えたいま、新しい日本の成功モデルとは、「メイド・ウィズ・ジャパン」ではないでしょうか。テロの多発やポピュリズム志向などの混乱が深まる世界において、日本の立場は重大です。良き社会的インパクトと同時に経済的リターンを生みだす役割を、今の日本は担えます。まさに「メイド・ウィズ・ジャパン」をスタートする、絶好の機会なのです。「メイド・ウィズ・ジャパン」が実現すれば、日本は人口が減ったとしても、世界から重宝されるパートナーになり得ます。世界において日本のプレゼンスを、よい意味で、高めることができます。

「メイド・ウィズ・ジャパン」という新しいムーブメントの主役は、誰でしょうか。本書で繰り返し述べている通り、私が期待しているのは、**「繁栄の30年」の中心となる若者た**

ち、**ミレニアル世代**です。旧時代の成功体験のない彼らが、これからのインパクト投資の成否の重要な鍵を握っています。そのように確信しています。

世界は若い、ものすごく若い

未来を念頭に、地球儀を回してみましょう。

日本は少子高齢化社会です。アジアにおいて中国、タイ、韓国も、これから少子高齢化が進む社会です。

インドネシアという国があります。総人口が2億6千万人以上、世界の4位です。日本の2倍以上の人口の国ですが、国連の推計によると国民年齢の中央値は29・7歳です。日本の国民年齢の中央値は48・4歳ぐらいですから、人口が倍であり、かつ20歳ほど若返るのがインドネシアです。

日本からより遠いところに、インドがあります。人口数が約13億人で世界第2位のインドの国民年齢の中央値は、28・4歳です。インドネシアの5倍の人口で、さらに若返る。

そして、日本から見るとはるか遠くのアフリカ大陸。全部で54カ国あるアフリカ大陸には現在、13億人ぐらいの人々が暮らしています。インドや中国に匹敵するような人数です。そのアフリカ大陸の人口は、2050年には25億人以上になると国連は推計しています。これから30年で、なんと倍増です。そのアフリカ大陸の年齢中央値は19・7歳、6～7割が25歳以下といわれています。めちゃくちゃ若い国です。

世界全体で見れば、現在の人口の中央値は30・9歳です。日本国内ではミレニアル世代はマイノリティの存在ですが、世界的には圧倒的なマジョリティの世代なのです。この事実を、多くの若者たちに共有してほしいと思います。

世界のマジョリティの多くは、インドネシア、インド、アフリカなど新興国に暮らしています。彼ら若い世代が求めているのは何か。先進国の一般市民が得ている「普通の生活」や「日々の仕事」です。安定した仕事に就いて、お金を稼いで、安全な家を持ち、家族を養う。私たち日本人にとっては当たり前のことが、世界のマジョリティにとっては理想の人生です。まだまだ発展途上にあるので、そのぶん大きな伸びしろを有しています。その伸びしろを支える企業が大中小にかかわらず、日本には数多く存在します。これは、ミレニアル世代が密接にビジネスで関われる、とても大きなチャンスなのです。

ミレニアル世代はデジタル・ネイティブといわれます。物心がついたときから、インターネットが常時つながっていることが当たり前の世代です。一部の国を除き、インターネットには国境がありません。言語も自動翻訳・通訳機能がますます向上するでしょう。

もし、日本のミレニアル世代に「自分は世界とつながっているんだ」というスイッチが入れば、自分たちは人口的マイノリティではないと気づくはずです。世界的には人口的マジョリティであり、同世代の若者たちと国境を越えてつながり、多くのチャンスを創出できる。現状は上の世代に蓋をされて、息苦しいかもしれませんが、国境の外に目を向ければ、景色は一変します。世界を大きく変えていく、マジョリティの一員として、参加が待たれている。それが、いまのミレニアル世代より若い人々の、本当の未来なのです。

ミレニアル世代以降の若者には、実績や経験値は、もとより要求されません。会社の終身雇用制度や年功序列、オフィスに常駐する窮屈な職場、満員電車の通勤……昭和から続いてきたサラリーマンの不文律も、必要ありません。

逆に期待されているのは、柔軟性とフレキシビリティに富んだ、ボーダーレスな挑戦。

その期待を叶える能力は、デジタル・ネイティブの感性で、フルに発揮されることでしょう。

若い人は、今こそ世界と「メイド・ウィズ・ジャパン」のチャンスです。新興国の多くの同年代の若者たちが、日本の進出を待っています。「メイド・ウィズ・ジャパン」という〝と〟の力のスイッチを入れれば、日本社会は有機的に繁栄を続けていくと私は確信しています。要は、思考にスイッチを入れるかどうか。「自分たちは世界とつながっているんだね」というスイッチがオンになるかどうかで、まったく違う未来が生まれます。

インパクト投資もミレニアル世代が主役

日本の若者たちの意識の変化は、投資の世界にもはっきりと表れています。外貨預金や海外株などへの投資意欲が強く、社会問題を解決するインパクト投資への関心の高さが際立っています。

かつての若年層は「何かあったときのため」や「老後の生活を守るために」という理由

で、貯金を選択していました。しかし、今の若者たちは違います。ミレニアル世代は、「不安の解消」のために稼いだ大切なお金を、銀行預金より投資に運用していこうという意識が、強い傾向があります。バブル崩壊後の失われた数十年に育ったミレニアル世代は、日銀が1999年に導入したゼロ金利政策とも重なり、「お金を銀行に貯めても利息はほとんど無いに等しい」「預金だけで資産は増えない」というのが常識になっています。

日経ヴェリタスが2019年11月下旬に実施した「個人投資家3000人調査」では、20〜34歳の投資家のうち3割前後が、投資を始めたきっかけに「老後資産への不安」と「いまの給料への不満」を挙げています。生活を守るために、「お金を使う」ことを選んでいる様子がうかがえます。

投資先にも、世代間の違いがあります。保有比率を平均化した数値を見ると、外貨預金への投資比率は25〜29歳が5・7%となっています。年配世代の3%台を、大きく上まわっています。そして、日本株への投資比率は2割弱と平均以下ですが、米国株への投資は3〜5%と、平均値（2・5%）を超えています。

ミレニアル世代の投資家は、すでに海外を照準にしているのです。

経済成長が滞り、日経平均株価が1万円を割りこむような時代に育った彼らは、成長余地を日本よりも海外に見出しているのかもしれません。

社会問題の解決に向けた、インパクト投資への意欲が強いのも、ミレニアル世代の特徴です。社会変革推進財団が昨年発表したアンケート調査では、投資経験のある20代のうち51・2%が、インパクト投資の金融商品について「購入したい」と回答しました。社会をサステナブルに変え得る投資に、過半数が関心を持っているのです。50代は17・6%に留まっているのとは対照的です。

しかし、実際には、若い世代は「余裕資金が少なく、投資できていない」のが現実です。ですが、5~10年後には、どうでしょう? ミレニアル世代も充分に資金を蓄えていると考えられます。そのとき彼らのマネーが、インパクト投資へ一斉に流れこむ可能性は高いでしょう。

先にも述べたように、若い世代の社会問題への関心の高さには、目を瞠《みは》ります。やがて日本の財の基盤を支え、「メイド・ウィズ・ジャパン」の姿勢で世界にも存在感を発揮するだろう彼らの未来を、私は心から楽しみにしています。

アフリカはブルーオーシャンだ

自分自身のスイッチオン体験についても、振り返ってみたいと思います。

今から15年ぐらい前、2050年の世界の人口ランキング予測を眺めていたときのことです。インドは高齢化少子化社会の中国を追い越し、人口ランキング世界一になっています。上位10カ国から日本は姿を消しています。ただ上位のなかに、見慣れない国々がありました。

ナイジェリア、コンゴ民主共和国、エチオピア。

え？　そんなにたくさんの人がアフリカに暮らしているんだ。これから、そんなに人口が増えるんだ。この事実を知り、それまでのアフリカのイメージ（サファリの風景や、自然動物が群雄している光景です）が一気に変わりました。

人口が増えるということは、経済成長が生まれることを示しています。アフリカについて、気づいたことがもう一つありました。それは、アフリカに関心を寄せている日本人が当時とても少なかったということです。日米、日欧、日中、日アジア。これらの領域には、昔からたくさんの日本人が関与しています。私が社会人になる40年前くらいから活躍され、いまだに健在という方々がたくさんいらっしゃいます。けれども、アフリカには同じような人が圧倒的に少ない。日本ではアフリカは〝ブルーオーシャン（青い海、競合相手のいない領域）〟であるなと感じました。

2008年、初めて私は「アフリカ開発における東京国際会議（TICAD）」という存在を知りました。これは、アフリカにおける社会開発課題を論議する会合です。1993年から5年毎に開催され、アフリカ各国の首脳クラスを日本に招いている実績に、正直なところとても驚きました。

2013年のTICADの開催時に、私はグローバル・ヘルス（国際保健）のプロジェクトのTICADサイドイベントに関わりました。日本国際交流センターという民間財団法人の理事長を務めていた関係からで、米国のゲイツ財団の助成を受けながらの開催でした。公衆衛生、感染症対策などは、アフリカの人口および経済成長と共に解決すべき重大な社会的課題であったからです。

この活動を経たのち、所属している経済同友会でアフリカ委員会が設置され、いち早く私は手を挙げました。そして委員会の同志らと共に、アフリカで起業する日本人若手を応援する「アフリカ起業支援コンソーシアム」（http://entre-africa.jp）を設立したのです。アフリカに対して自分のスイッチが入ったことが、現在の私のＳＤＧｓへの取り組みや活動につながったといっても過言ではありません。

しかしながら、様々な面でアフリカに関わってきた自分自身が初めて現地へ訪れる機会を得たのは、２０１９年10月。ヘルスケア・スタートアップベンチャーの視察団としてエチオピアとウガンダに入ったのは、第1章の通りです。


初めてのアフリカの現地入りで、様々な学びがありました。

アフリカ大陸は、中国企業の進出が目覚ましいことで知られていますが、まさしくその通り。日本も長年、ＯＤＡ支援などを続けていますが、直接市場に圧倒的な攻勢をかける中国を前に、なかなか存在感を発揮できていません。

現地の関係者と、たくさんお話ししました。投資だけでなく、日本人の技術者やスタッフの派遣は、いつでも大歓迎されます。しかしながら関係者の方々が口を揃えるには、「日本人は視察には来るけど、その後は何もしない」と。〝視察後〟が続かない、というのです。

「事業のコラボレーションを切望しても、なかなかそれが叶わない」という率直な不満には、〝視察のための視察〟になっている現状を見透かされた心地でした。その点、ローカライズしたビジネスで現地に食いこんでいる中国は、やはり実利を求める姿勢が徹底しています。これは、私たち日本人皆の課題だといえるでしょう。

アフリカでは、どの分野でも日本人の手が求められています。まだまだ、展開できるチャンスがある。人口推計からも、アフリカには確実な成長が見こめます。投資ビジネスで関わる場所として、アフリカは可能性の宝庫です。

たとえば、エチオピアは現状、60年ぐらい前の日本と似ているところがあります。国民ひとりあたりのGDPが、800ドル程度。1961年の日本のGDPは国民ひとりあたり1000ドル弱でしたから、ほぼ同じといえます。そして1960年代の日本の人口は

9000万人、エチオピアは現在、1億人です。こちらも概ね、重なっています。

さらにエチオピアは、国の成功モデルとして日本を手本にしていました。注目されていたのは、日本の国民保障の充実度です。

日本では、1961年に国民年金制度と国民皆保険制度がスタートしました。貧しい世帯の人でも、最低限の医療を受けられるようになり、そのお陰で国民の健康状態が上向き、岩戸景気、オリンピック景気、いざなぎ景気など高度経済成長を経て、ひとりあたりGDPは40倍以上にはね上がりました。UHC（Universal Health Coverage）、日本でいう国民皆保険制度の向上が、国力増大を実現させた要因の一つとなっています。

UHCとは、適切な予防治療やリハビリなどの医療サービスを、国民全員が必要なときに支払い可能な費用で受けられる状態を指します。新興国が経済的に成長を遂げていくためには、資源開発だけではなく、国民の生産力の基礎となるUHCの実現が不可欠です。

日本の場合、1961年に当時の第二次池田勇人《はやと》内閣が総力を挙げ、皆保険などの医療保障を改善しました。それにより国民の体力と寿命が伸び、労働年齢層が厚くなり、全体の生産性が飛躍的に上がったのです。エチオピアなどアフリカ諸国はこうした成功モデルを参考にしながら、社会制度の整備を進めています。

さて、新興国が発展していくために必要なのは、ＵＨＣの国民医療制度だけではありません。日本の経済成長は、国民医療制度の向上はもちろんですが、それらの要素の組み合わせの因果関係ではなく、総合的な相関関係によって、成し遂げられたものでしょう。

１９６１年当時の日本は、失業率が１・４％でした。ほぼ完全雇用が可能な社会のシステムが整っていたのです。仕事がたくさんあって、皆が稼げる社会になった。だから国民皆保険を維持する保険料を、日本人みんなで負担することができました。

翻って、エチオピアの失業率は19・1％（２０１８年）です。職を求める人と供給する側のバランスが整っているとはいえず、特に若年層に就業できない人が多いのです。そのため、ＵＨＣが上がれば好景気に乗っていける……という簡単な話ではありません。

そこで、スイッチ発動です。

「できる／できない」以前に、何が必要かを直感で考える。そうです、仕事です。

貧しい人にもお金が行き渡る仕事をつくること。これがＳＤＧｓの目標１である「貧困をなくそう」に効力があります。そのためには、国家規模での制度設計がもちろん必要です。同時に、日本と共に「仕事を創る」。共創の精神を働かせながら、失業している若者に安定した職を供給することは、社会にポジティブなインパクトを与えることができる日本の役割でしょう。当然ながら、アフリカへ直接に足を踏み入れて、現地の雇用をつくれる日本人は多くはないでしょう。だからこそ、私たちが果たせる役割としては、そのような機会をつくる投資です。まずは投資が有効に働くことを念頭に据えれば、日本人でもアフリカの社会づくりに参画できるということです。

もう一つ、特筆したいことがあります。それは、アフリカの人材のポテンシャルです。エチオピアで参加したベンチャービジネスのピッチイベントで気づいたことがあります。複数のピッチがありましたが、最も印象に残ったのは、AIプログラミング事業に取り組んでいるベンチャーでした。

AI？　エチオピアで？　アフリカの成長には以前から着目していましたが、AIプログラミング人材がいるというイメージは失礼ながらありませんでした。ただ、冷静に考えてみると、人口1億人の国です。それくらいの規模であれば、そこにはある程度の絶対数のグローバル人材がいてもまったく不思議ではない。人口による需要のポテンシャルだけではなく、人口による人材輩出の可能性もあります。現に、そのベンチャーはシリコンバレーや日本の会社と提携していて、ＡＩプログラミングの下請け事業をしていました。有能なプログラマーを抱えながらも、現地で生活しているので日本や欧州のような高報酬を求めるわけでもない。そのような事業ニッチで発展していました。

アフリカの有能な人材とメイド・ウィズ・ジャパン。このような成功スキームがますます生まれることを期待してやみません。

今こそ新しいエコシステムを

さて、そろそろ本書も、終幕に近づきました。

今年50代の終幕を迎える身として、成し遂げたいことがあります。これからの「繁栄の30年」を担う若手と共に、**新しいお金の流れと人を育むエコシステムをつくる**ことです。具体的には、ＳＤＧｓを達成するための資金の出し手となる「インパクトファンド」です。

本章でご紹介したように世界ではインパクトファンドが特別なニッチから主流になりつつあります。非公開投資ファンドの最大手クラスのコールバーグ・クラビス・ロバーツ（KKR）は2020年の2月、KKRグローバル・インパクト・ファンドを立ち上げました。SDGs達成の項目に合致する中小企業に絞って投資するもので、世界の投資家から13億ドル（約1400億円）を集めています。

日本では、ソーシャルレンディングなど国内型のインパクト投資は、いろんなところで立ち上がっています。しかし、新興国に対するエクティ（株式）型インパクト投資は現状では多くはありません。しかも、数百億円を集めるような存在感のある新興国向けのエクティ型インパクトファンドは、国内には皆無です。スケール感のあるインパクトファンドを組成して、世界における日本のプレゼンスを高めたいと思っています。

インパクト投資とは、現代版『論語と算盤』の実践です。社会〝か〟経済ではなく、社会〝と〟経済です。このような新しいお金の流れをつくりたい。日本には、お金があり余っています。そのお金を世界に循環させてポジティブな社会的インパクトと共に経済的なリターンを得ていくという、前例のない投資の実例をどんどんつくりたいと思っています。

日本から世界へのインパクト投資によって、世界から日本へというお金の循環すなわち「循環型投資」をつくることが重要なのです。

ただし、インパクト投資は歴史が浅く、特に日本国内でインパクト投資の成功体験が豊富な人材は数多くありません。海外で先導しているインパクト投資家などの知見を取り入れながらも、日本独自の成功体験を積み重ねていく必要があります。ここで求められるのが、人材の交流です。

既に実績を持っている海外のインパクトファンドに投資することによって、彼らが還元する経済的なリターンだけではなく、彼らが取り組んでいる社会的インパクトの測定から様々な良識を学べる関係ができるかもしれません。また、良い関係を築くパートナーとして認められれば、彼らの投資先企業とも関係が生まれるでしょう。現地の社会的課題の解決を直に学ぶことを彼らはむしろ歓迎してくれることでしょう。なぜなら、日本との関係を築くことは事業の連携や出口戦略（売却先）の選択肢が広まるからです。これが、世界で日本のプレゼンスを高める、メイド・ウィズ・ジャパンの可能性です。

ある程度の規模の日本のインパクトファンドであれば、不可欠なインパクト測定について、ＧＩＩＮのような世界的な先駆者と親密な関係を築ける可能性が今ならあります。彼らの協力を得ながら、グローバル・スタンダードに応え、日本のローカル・コンテンツにも反映するインパクト測定と管理プロセスの構築が期待できます。

インパクト測定には、一つの正しい答えがある訳ではなく、常に試行錯誤を繰り返しながら精度を高める研究や努力が不可欠です。そのためにも人的リソースを配属できるように、ある程度の資産運用の規模が必要となります。そして、このインパクト測定・管理のノウハウは、一社で抱え込むことなく、社会全体で共有する精神が大事だと思います。なぜなら、目指すのは自社の経済的リターンだけではなく、世のなかの社会的課題の解決だからです。

このようなインパクト投資を促すエコシステムの前例は日本にはありません。だからこそ、自らの手でつくりたい。新しいお金の流れと人材を育むエコシステムをつくることによって、日本から世界へというプロダクト・アウトだけでなく、世界から日本へというマーケット・インの視点を生みだしたいのです。

ＳＤＧｓ投資の機会を求める機関投資家や地域金融機関、新たな事業展開を模索する大企業、日本との関係を高めたいと思っている世界の有力なインパクトファンドや新興国におけるベンチャー企業、世界においてインパクト投資を促進する団体、そしてこれからインパクト投資の前例をつくりたいという熱意の日本人たち。このような多種多様なプレイヤーたちのＷｉｓｈ（要望）がアクションと融合するエコシステム。

新興国における日本の進出の意思決定にスピード感を有するエコシステム。

このようにＳＤＧｓの達成、そして、その先の持続可能性ある世のなかを実現させる日本のエコシステムをつくりたいのです。

このシステムは、「プラットフォーム」とは異なるものと考えています。プラットフォームは人為的につくる構造であり、それぞれのパーツの役割が割り当てられるイメージがあります。ある意味で、求めている答えがはっきりと見えていて、それを達成するための手段です。目的が達成されたらある意味不要になる、有限的な存在です。

一方、エコシステムはもっと有機的な存在で、かつ、持続する存在です。達成したい目標はあるものの、多様なプレイヤーの参加の試行錯誤やイノベーションによって、想定されていたものより大きな果実を持続的に得られます。

このようなエコシステムは海外にもないのかもしれません。けれども、繰り返しになりますが、前例がないからこそ前例をつくるのが、インパクト投資です。

インパクト投資に民間の参画は不可欠です。ただし、インパクト投資を通じて日本のプレゼンスを世界で高めることが政策的に有意義であるという点では、「官民連携ファンド」という構想は有力であると考えます。

私自身、官製ファンドの存在意義は、決して民業圧迫ではなく、また血税の無駄遣いになってはならないと考えています。しかしながら、2020年という時代の節目において、これからの繁栄の30年になる「メイド・ウィズ・ジャパン」という新しい成功体験を促進する官民連携ファンドには、かなりの存在意義があると思います。

民間主導は重要です。ただ、それなりの規模の投資資金を拠出できる大企業や金融機関は、前例主義を無視することはできません。大きな規模を最初からＳＤＧｓ投資のエコシステムに投入するのはためらうでしょう。

しかし、ここでＳＤＧｓ投資に一周遅れの日本が世界に追いつくためには、数百億円規模のインパクトファンドの組成が必要だと思います。官が呼び水となって民間投資を促すというイメージです。

生態が存在していない海の底に構造物をもたらすと、そこに海藻などが付着し、小魚が集まり、大型魚が集まり、いずれ新たなエコシステムが生じます。その最初の構造物として、公器である官民連携ファンドが果たせる役割は大きいです。

この構想が、私の個人的な妄想に終わらないよう、ご賛同いただけるのであれば、様々なところで、是非とも声を上げてください。共感、共助、共創。ＳＤＧｓと共存させる新しい投資のカタチとして、実現させていきましょう。

おわりに

本年2020年は、世界の人々の日常を脅かす新型コロナウイルスが現れました。一国の人の移動や集会が制限されるだけではなく、国境が閉ざされるという、グローバル社会にとって前代未聞のショックが世界中に走りました。

天災は、終わったわけではありません。3・11の東日本大震災以降も、地震は各地で頻繁に起きています。加えて近年は、巨大台風の被害も連続しています。そして、この原稿を書いている時点では新型コロナウイルス感染の終息は見えていません。仮に終息したとしても、人類の歴史とは「感染症の歴史」であるともいえます。予期せぬ天災や人災で何もかも奪われ、身動きが取れなくなってしまう。そんな人生の不運に見舞われるリスクに、誰もがさらされています。

けれど、どんな辛い目に遭おうとも、生きている限り、必ず何とかなります。

社会全体が、常に停滞せず、循環しているからです。

困ったら、誰かが手助けしてくれますし、逆に誰かを手助けしたい気持ちも起きる。その環を維持するためのシステムが、常時稼働しています。天災であろうと、人災であろうと、恐慌が起きようと、そのシステムは止まることなく、私たちは生き続けています。

循環というシステムこそが、生きることの本質です。

常に動きだし、持っているものを投じ、止まらないで進む。それが一番のリスクヘッジであり、安全な人生を過ごすために必要なマネジメントだといえます。

リスクを恐れて、お金を使わずに手元に留めていると、社会の大きな循環に逆らうことになります。循環の輪から弾かれれば逆に、リスクを呼びこむ危険が高まります。タンス預金では、不安は解消できません。貯めれば貯めるほど不安も増していくのは、そのような原理からです。要するに、渋沢栄一が『論語と算盤』で説いた「よく集めよ、よく散ぜよ」で大事なのは、じつは「よく散ぜよ」の方なのです。同じく『論語と算盤』で説いた、「自分からこうしたいああしたい」。SDGsの達成が「できるか、できないか」ではなく、「やりたい」ことが大事であることを示唆しています。SDGs投資は、ワクワクしながら安全性の保たれた未来を引き寄せる特徴を持った、「よく散ぜよ」、「自分からこうしたいああしたい」の行動例だと私は考えています。

つまるところ、ＳＤＧｓとは人類全体のサイズで考えた、リスク回避です。誰もがリスクに晒されない「サステナブルな社会を、２０３０年までに、みんなでつくっていこうぜ！」と、広く一般の人たちに呼びかけているＳＤＧｓ。その対話をお金にさせて、よりよく散じて、社会の変化を楽しみましょう——異文化の人とも声を合わせてそう唱えることができるのは、お金という媒介者の力です。

最後まで本書にお付き合いいただいた皆様へ心より御礼を申し上げます。また、企画・構成にご尽力いただいた大場葉子さん、浅野智哉さんの熱意とご尽力が無ければ実現することがなかった本書です。世のなかのよりよい明日のために、自分の想いを書籍に残す機会をいただき、本当にありがとうございました。

令和二年三月

渋澤　健

渋澤　健　しぶさわ・けん
1961年、神奈川県生まれ。シブサワ・アンド・カンパニー（株）代表取締役。コモンズ投信（株）取締役会長・創業者。87年にUCLAでMBA取得。JPモルガン、ゴールドマン・サックス等を経て、米ヘッジファンド、ムーア・キャピタル・マネジメントの日本代表に着任。2001年に独立し、同年「シブサワ・アンド・カンパニー（株）」を創業。2007年に「コモンズ（株）」を設立し、2008年にコモンズ投信会長に就任。日本の企業経営者団体である経済同友会の幹事も務め、政策提言書の作成にも携わっている。著書に、『渋沢栄一　100の訓言』（日経ビジネス人文庫）、『寄付をしてみよう、と思ったら読む本』（鵜尾雅隆氏との共著／日本経済新聞出版社）など多数。

朝日新書
764

SDGs投資《とうし》

資産運用しながら社会貢献

2020年５月30日第１刷発行

著　者　渋澤　健

発行者　三宮博信
カバーデザイン　アンスガー・フォルマー　田嶋佳子
印刷所　凸版印刷株式会社
発行所　朝日新聞出版
〒104-8011　東京都中央区築地5-3-2
電話　03-5541-8832（編集）
　　　03-5540-7793（販売）

Published in Japan by Asahi Shimbun Publications Inc.
ISBN 978-4-02-295070-3
定価はカバーに表示してあります。
落丁・乱丁の場合は弊社業務部(電話03-5540-7800)へご連絡ください。
送料弊社負担にてお取り替えいたします。

安倍晋三と社会主義
アベノミクスは日本に何をもたらしたか

鯨岡 仁

異次元の金融緩和、賃上げ要請、コンビニの二四時間営業まで、民間に介入する安倍政権の経済政策は「社会主義」的だ。その経済思想を、満州国の計画経済を主導し、社会主義者と親交があった岸信介からの歴史文脈で読み解き、安倍以後の日本経済の未来を予測する。

資産寿命
人生100年時代の「お金の長寿術」

大江英樹

年金不安に負けない、資産を〝長生き〟させる方法を伝授。老後のお金は、まずは現状診断・収支把握・寿命予測をおこない、その上で、自分に合った延命法を実践することが大切。証券マンとして40年近く勤めた著者が、豊富な実例を交えて解説する。

かんぽ崩壊

朝日新聞経済部

朝日新聞で話題沸騰!「かんぽ生命 不適切販売」の一連の報道を書籍化。高齢客をゆるキャラ呼ばわり、偽造、恫喝……驚愕の販売手法はなぜ蔓延したのか。過剰なノルマ、自爆営業に押しつぶされる郵便局員の実態に迫り、崩壊寸前の「郵政」の今に切り込む。

ゆかいな珍名踏切

今尾恵介

踏切には名前がある。それも実に適当に名づけられている。「畑道踏切」と安易なヤツもあれば「勝負踏切」「天皇様踏切」「パーマ踏切」「爆発踏切」などの謎めいたモノも。踏切の名称に惹かれて何十年の、「踏切名称マニア」が現地を訪れ、その由来を解き明かす。

朝日新書

京都まみれ

井上章一

少なからぬ京都の人は東京を見下している？　東京への出張は「東下り」と言うらしい？　古都をめぐる毀誉褒貶は令和もやまない。外国人観光客を引きつけて日本のイメージを振りまく千年の誇らしげな洛中京都人に、『京都ぎらい』に続いて、もう一太刀、あびせておかねば。

タコの知性
その感覚と思考

池田　譲

地球上で最も賢い生物の一種である「タコ」。大きな脳と8本の腕の「触覚」を通して、さまざまな知的能力を駆使するタコの「知性」に迫る。最新研究で明らかになった、自己認知能力、コミュニケーション力、感情・愛情表現などといった知られざる一面も紹介！

老活の愉しみ
心と身体を100歳まで活躍させる

帚木蓬生

終活より老活を！　眠るために生きている人になるな、精神的不調は身を忙しくして治す……小説家で医師である著者が、長年の高齢者診療や還暦での白血病の経験を踏まえて実践している「食事」「習慣」「考え方」。誰一人置き去りにしない、快活な年の重ね方を提案。